O PODER DO MITO

Agradecimentos

Ousadamente, acredito que a coleção **O Poder do Poder** é um momento novo na indústria do livro. Um novo conceito de "construir e escrever" livros está nascendo — o livro-clipping.

Este sonho empresarial foi e é um desafio no jogo da vida. Aliás, este jogo — descobri — não é um jogo *ganha-perde* ou *perde-ganha*, é um jogo *ganha-ganha*. Todos ganham, culturalmente. Do autor ao leitor.

Quando começo a pensar nos difíceis estágios por que passou este projeto, não posso deixar de lembrar a importante colaboração que recebi de várias pessoas, sem as quais não seria possível a sua realização material.

Com orgulho literário, agradeço a todas essas pessoas, físicas e jurídicas — pesquisadores, programadores, jornalistas, escritores, advogados, empresários, diretores de editoras, de gráficas, de jornais e TVs — o apoio direto ou indireto que ofereceram à realização deste trabalho. Sem a solidariedade, profissional e humana, desses amáveis colegas de trabalho, este projeto editorial jamais teria sido possível.

A todos, minha infinita gratidão.

O Editor

Coleção

O PODER DO PODER

O PODER DO MITO

Mitos são pistas para as potencialidades espirituais da vida humana. Por meio deles podemos chegar ao conhecimento de nós mesmos.

29

VOCÊ TEM O PODER DE MUDAR A SUA VIDA

LIVRO MARTIN CLARET CLIPPING

Coleção
O PODER DO PODER

Idealização e Realização
Martin Claret

Pesquisa e Organização
Manville Avalon

Projeto Gráfico
José Duarte Teixeira de Castro

Digitação
Celina Vian Marques

Revisão
Jandira Lobo de Oliveira

Editoração Eletrônica
Bypress Comunicação

Direção de Arte
José Duarte Teixeira de Castro

Fotolito da Capa
OESP

Fotolitos em Editoração Eletrônica
Publishop

Papel
Off-set 75g

Impressão e Acabamento
Cromosete Gráfica e Editora

EDITORA MARTIN CLARET
Rua Alegrete, 62 – Bairro Sumaré – CEP 01254-010
Tel.: (11) 3672-8144 – Fax: (11) 3673-7146
São Paulo - SP

www.martinclaret.com.br

| LIVRO | MARTIN CLARET | CLIPPING |

O Livro Vivo

MARTIN CLARET

O poder da informação

O homem é um animal neurolingüístico. Ele cria sua realidade a partir do pensamento e da palavra. Sua potencialidade é quase infinita. O conhecimento de si mesmo é a sua meta suprema.

Essa escalada do homem é uma imensa epopéia cósmica, e neste contexto cada criatura é um herói. Mas o início dessa escalada cultural foi terrivelmente difícil.

Vivemos, hoje, na "idade da informática". Não mais fazemos parte de uma cultura coletora, agrícola ou industrial, mas de uma cultura da informação. Vivemos numa época de profundas mudanças. Novas idéias e novos movimentos mudam o mundo quase que diariamente. Essas mudanças vêm a nós através de livros, jornais, cinema, teatro, filmes, chips de computador, etc. Nesta nova sociedade, quem tiver mais informações, tem maior poder. John Galbraith, o iluminado autor de A Era da Incerteza, proclamou: "Dinheiro é o combustível da sociedade industrial. Mas na sociedade da informática o combustível, o poder, é o conhecimento. Vê-se agora a estrutura de uma nova classe dividida entre aqueles que têm informação e os que devem atuar na ignorância. Esta nova classe não tem poder no dinheiro, ou na terra, mas no conhecimento."

Hoje, essa chave do poder do conhecimento é acessível à maioria dos seres humanos.

Definição de poder

Poder.

Nada exerce mais atração sobre os seres humanos do que essa palavra mágica. Nenhuma paixão é mais duradoura, nenhuma companhia mais constante. O poder é uma das mais legítimas emoções humanas. Sua motivação são os resultados. Agir para ser mais.

Poder é uma palavra incrivelmente emocional. Diante dela são infinitas nossas reações. Cada um tem um conceito pessoal da palavra poder. Para muitas pessoas ela tem uma conotação negativa. Outras, explícita ou secretamente, cobiçam o poder. Os mais ortodoxos suspeitam do poder. Cada um tem uma definição própria para o vocábulo poder.

Como uma cultura, nós temos sido ambivalentes a respeito do poder. Não obstante, poder — que deriva do latim potere, "ser capaz" — é energia. Sem poder não há ação ou movimento. Poder é um assunto central da transformação do ser humano.

Eu proclamo o Poder Correto — o poder usado não como instrumento negativo ou para glorificar o ego, mas a serviço da Vida. O poder como um ato de sabedoria e não como um instrumento para manipular pessoas. Poder compartilhado, e não o poder imposto.

Poder é a capacidade e habilidade de mudar nossas vidas. É a habilidade de definir as necessidades humanas e resolvê-las. Poder é energia.

O amor ao poder

Michael Korda, o editor-chefe da poderosa editora Simon & Suster — ele mesmo participante do fascinante jogo do poder —, no seu best-seller Poder, Como Conquistá-lo, Como Utilizá-lo, nos dá didaticamente as principais normas para criar poder.

Para completa informação de meus leitores, passo a transcrevê-las.

Primeira: "Pratique cada ação como se fosse a única coisa que realmente importa no mundo." Segunda: "Nunca revele aos outros tudo a teu respeito; guarde alguma coisa de reserva, para que eles nunca tenham certeza de que realmente te conhecem." Terceira: "Aprende a usar o tempo e pense nele como um amigo, não como um inimigo. Não o desperdices indo atrás de coisas que não desejas." Quarta: "Aprende a aceitar os teus erros. Não sejas perfeccionista a respeito de tudo." Quinta e última norma: "Não cries ondas; move-te suavemente, sem complicar as coisas."

Como homem, para quem o único limite do poder é o limite de acreditar, Michael Korda, nos dá, ainda, este ensinamento essencial: "Quanto mais mecâni-

co e complicado for o nosso mundo, mais precisamos da simplicidade do poder para nos guiar e proteger. É o único dom que nos permite continuar sendo humanos num mundo desumano — porque o amor ao poder é o amor por nós mesmos."

A gênese da coleção O Poder do Poder

Sou editor de livros. O universo da minha vida sempre gravitou em torno de ler livros e "fazer livros". Sempre amei o livro em todas as suas formas e sempre acreditei na função do livro. Para mim o livro tem o poder de mudar as pessoas, e de mudar o mundo. Há 20 anos proclamo o princípio cultural de "Ler mais para ser mais".

Na juventude e mesmo como adulto sempre copiei, recortei ou xeroquei textos de "especial importância" para o desenvolvimento do potencial humano. Formei pastas e pastas desse material informativo — para meu uso e eventualmente para o uso dos amigos. Essa idéia foi inspirada no genial DeWitt Wallace, o fundador da Reader's Digest (a nossa Seleções) — o projeto editorial de maior sucesso em todo o mundo. DeWitt também, antes de fundar sua revista "praticava" esse singular hobby de colecionar recortes de artigos de interesse permanente — aliás, essa foi a idéia que deu origem à sua famosa revista multinacional. Mais tarde, usei parte desse meu material e o know-how adquirido em minha atividade profissional. Esta é a gênese da coleção ***O Poder do Poder*** *e de outros trabalhos editoriais realizados por mim.*

O Livro-clipping

O útil Dicionário de Comunicação, de Carlos Alberto Rabaça/Gustavo Barbosa, publicado pela Editora Codecri, define a palavra inglesa ***clipping****, assim:* ***1.*** *Serviço de apuração, coleção e fornecimento de recortes de jornais e revistas sobre um determinado assunto, sobre as atividades de uma empresa ou instituição, sobre determinada pessoa, etc. É realização geralmente da organização, pela agência de RP ou de Publicidade que atende à empresa, ou por uma agência especializada neste tipo de serviço (conhecida como agência clipper).* ***2.*** *Recorte de jornal.* ***3.*** *O conjunto de recortes, recebido pelo interessado."*

Sem o saber, inconscientemente, ao colecionar e "organizar" os meus recortes, sempre vinha exercendo o ofício de organizar clipping, embora fosse para uma só pessoa — para mim mesmo.

Impulsionado por várias circunstâncias, depois de alguns anos, já como editor, resolvi usar os meus conhecimentos para ela-

borar esta coleção, usando o mesmo princípio do clipping. Dei uma estrutura mais refinada ao material de texto, organizei os assuntos, criei uma capa — e eis o livro-clipping. O grande e principal objetivo é difundir conhecimentos especializados, e transformar as pessoas. Sempre fui centrado nessa magnífica obsessão.

Estrutura textual da coleção

Estatísticas nos Estados Unidos revelam a incrível constatação: quase 50% das pessoas que compram livros não os lêem até o final. No Brasil não é diferente. Motivos: além de hábitos culturais improdutivos, descuidos de editoração contribuem para essa lamentável situação.

A coleção ***O Poder do Poder*** *é um esforço para corrigir, qualitativamente, algumas dessas falhas. Minha meta principal é apresentar um novo conceito de fazer livros — o livro-clipping. O livro essencializado, de interesse permanente, com texto na medida certa e de agradável diagrama. Livro de fácil leitura.*

A coleção é aberta — são aceitas sugestões de títulos e de assuntos. O próprio leitor torna-se um colaborador.

Embora esta coleção tenha estrutura de continuidade, cada livro possui sua autonomia própria. É um livro com começo, meio e fim. Os textos são capítulos essenciais extraídos de publicações nacionais e estrangeiras com afinidade de assunto, formando sinergeticamente um material redacional de grande coerência. A integridade do texto original é totalmente conservada.

Aos leitores que tenham interesse em aprofundar o assunto tratado em cada capítulo, recomendamos a leitura do livro original. Desejamos, mesmo, que os textos de cada capítulo motivem o leitor a uma consulta mais extensa ao livro-matriz. Aliás, esta é a essência do livro-clipping — provocar interesse e informar.

Mensagem cultural

A Galáxia de Johann Gutenberg (1400-1468) continua em expansão. A "idade da informática" ilumina mentes e corações. O homem continua sua fantástica escalada cultural. Nesse imenso universo vivo, o livro é a maior fonte de conhecimento e poder.

Livro muda as pessoas.
Livro muda o mundo.
"Ler mais para ser mais."

TRATADO DE HISTÓRIA DAS RELIGIÕES
Mircea Eliade
Formato: 15 x 21
556 páginas
Edições Cosmos
Lisboa – Portugal
1977
(Ver pág. 137)

Função dos Mitos

MIRCEA ELIADE

Os mitos cosmogônicos — mitos exemplares

A princípio, dizem os polinésios, só existiam as águas primordiais, mergulhadas nas trevas cósmicas. Da imensidade do espaço onde se encontrava, IO, o deus supremo, exprimiu o desejo de sair do seu repouso. No mesmo instante, apareceu a luz. Depois ele disse: "Que as águas se separem, que os Céus se formem, que a Terra surja!" Foi desta forma, pelas palavras cosmogônicas de Io, que o mundo passou a existir. Relembrando estes "ancient and original sayings... the ancient and original cosmological wisdom *(wananga)*, which caused growth from the void, etc...", um polinésio dos nossos dias, Hare Hongi, acrescenta com uma eloquente falta de jeito: "Ora, meus amigos, há três aplicações muito importantes destas fórmulas antigas, tais como se encontram nos ritos sagrados. A primeira tem lugar por ocasião do rito da fecundação de uma matriz estéril. A segunda, por ocasião do rito da iluminação do corpo e do espírito. A terceira e última diz respeito ao tema solene da morte, da guerra, do batismo, de narrativas genealógicas e de outros temas também importantes que são, em especial, objeto da atividade dos sacerdotes. As palavras pelas quais Io moldou o universo, quer dizer, graças às quais o universo foi criado e levado a gerar um mundo de luz, estas mesmas palavras são empregadas no rito da fecundação de uma matéria estéril. As palavras pelas quais Io fez brilhar a luz nas trevas são empregadas nos ritos destinados a alegrar um coração triste e abatido, a impotência e a senilidade, a espalhar luz sobre coisas e lugares escondidos, a inspirar os que compõem cantos, sendo também usadas nas desgraças da guerra e em tantas outras circunstâncias que levam o homem ao desespero. Para todos os casos semelhantes, este rito, que tem por objeto espalhar a luz e a alegria, reproduz as palavras de que Io se serviu para vencer e dissipar as trevas. Em terceiro lugar, vem o rito preparatório que se relaciona com as formações sucessivas que tiveram lugar no interior do universo e da história genealógica do próprio homem."

O mito cosmogônico serve, assim, aos polinésios, de modelo arquetípico para todas as "criações, qualquer que seja o plano em que elas se desenrolem: biológico, psicológico, espiritual. A função mestra do mito é a de fixar os modelos exemplares de todos os ritos e de todas as ações humanas significativas, como aliás já foi constatado por inúmeros etnólogos. "Entre os marind-anim (Nova Guiné holandesa), escreve P. Wirz, o mito é, na verdade, o fundamento quer de todas as grandes festas em que aparecem atores mascarados que representam *Dema*, quer o dos cultos secretos." Já vimos que, fora dos atos estritamente religiosos, o mito serve igualmente de modelo a outras ações humanas significativas: à navegação e à pesca, por exemplo.

O lado interessante do mito cosmogônico polinésio é precisamente a sua aplicação múltipla em circunstâncias que, pelo menos na aparência, não põem em causa imediatamente a "vida religiosa" como tal: o ato de procriação, o reconforto dos desesperados, dos velhos e dos doentes, a inspiração dos bardos e dos guerreiros... Assim, a cosmogonia fornece o *modelo*, sempre que se trata de *fazer alguma coisa*, muitas vezes alguma coisa de "vivo", de "animado" — na ordem biológica, psicológica ou espiritual — como se viu nos casos citados acima, mas também alguma coisa de "inanimado" em aparência, uma casa, um barco, um Estado — lembremos, neste caso, o modelo cosmogônico da construção das casas, dos palácios, das cidades (§143).

Estes modelos míticos não se encontram somente nas tradições "primitivas": um tratado metafísico indiano, o *Brhadarânyaka-Upanishad*, fez chegar até nós o ritual da procriação de um rapaz. Assistimos aqui a uma transfiguração hierogâmica do ato da geração. O par humano é identificado com o par cósmico: "Eu sou o Céu", diz o marido, "tu és a Terra". A concepção torna-se uma construção de proporções cósmicas que mobiliza um grupo de deuses: "Que Visnu prepare a matriz. Que Tvashtar modele as formas. Que Prajâpati faça correr o líquido. Que Dhâtar deposite em ti o germe". A hierogamia Céu-Terra, ou Sol-Lua, é muitas vezes concebida em termos tão estritos como estes: "ut maritus supra feminam in coitione iacet, sic coelum supra terram."

Seria um erro ver nesta concepção da hierogamia uma condição exclusiva da "mentalidade primitiva": o mesmo antropomorfismo se encontra até no simbolismo alquímico mais elaborado relativo à união do Sol e da Lua, e em outros casos de *"coniunctio"*, entre princípios cosmológicos ou espirituais. Em suma, a hierogamia conserva a sua estrutura cosmológica independentemente dos contextos variados em que ela se situa e qualquer que seja o grau de antropomorfização das fórmulas que a exprimem.

Quer ponha ou não em jogo uma hierogamia, o mito cosmogônico, para além da sua importante função de *modelo* e de *justificação* de todas as ações humanas, forma também o *arquétipo de um conjunto de mitos e de sistemas rituais.* Toda a idéia de "renovação, de "recomeço", de "restauração", por muito diferentes que se suponham os planos em que ela se manifesta, é redutível à noção de "nascimento" e esta, por sua vez, à de "criação cósmica". Encontramos já assimilações idênticas aos estudarmos os rituais e o simbolismo do reaparecimento da vegetação (§118): cada vez que volta, a Primavera re-atualiza a cosmogonia, qualquer *sinal* da ressurreição da vegetação equivale a uma manifestação plena do universo, e é por esta razão que, como vimos (§123), o *sinal* — um ramo, uma flor, um animal — é levado em procissão de casa em casa e *mostrado* a todos: como uma prova de que "a Primavera chegou": não necessariamente a Primavera "natural", o fenômeno cósmico, mas a ressurreição da vida. As representações rituais que se realizaram, quer por ocasião do Ano Novo, quer à chegada da Primavera (duelo da Primavera e do Inverno, expulsão da morte, execução do Inverno ou da morte...) revelam outras tantas versões fragmentárias e "especializadas" de um só e mesmo mito procedente do mito cosmogônico.

Todos os anos o mundo se

faz de novo. Chega a acontecer, como é o caso da Mesopotâmia, que a cosmogonia seja repetida de uma maneira explícita (recitação do "Poema da Criação"). Mas mesmo quando não nos é dito que se trata de uma imitação da criação, os vestígios da cosmogonia são bastante transparentes (extinção e reavivar dos fogos, visitas dos mortos, combates entre dois campos adversos, iniciações, casamentos, orgias, etc. — §152). É certo que nem todos estes rituais do Ano Novo ou da Primavera estão expressamente ligados a um mito, como é certo também que podem estar integrados em mitos laterais em que a tônica não é posta na função cosmogônica. No entanto, tomados no seu conjunto, todos os atos sagrados e todos os "sinais" atualizados por ocasião do Ano Novo ou a abertura da Primavera — quer estes atos e estes sinais sejam de essência simbólica ou ritual, mítica ou lendária — se mostram dotados de uma estrutura comum: eles manifestam, com desigual relevo, o drama da criação. Neste sentido, participam todos do mito cosmogônico, se bem que, em mais de um caso, não se trate de mitos propriamente ditos, mas de rituais ou de "sinais". Deste modo, o "sinal" que anuncia a Primavera pode ser encarado como um mito crítico ou concentrado, visto que mostrar este "sinal" equivale a proclamar a criação. Tal como o mito propriamente dito narra verbalmente um acontecimento exemplar (neste caso, a cosmogonia), também o "sinal" (neste caso, o ramo verde ou o animal) evoca este acontecimento pelo simples fato de o mostrar. Em breve referiremos exemplos que esclarecerão as relações entre o mito propriamente dito e essas outras categorias de fatos mágico-religiosos a que podemos chamar mitos "críticos" ou "concentrados".

O ovo cosmogônico

Um mito cosmogônico do arquipélago da Sociedade mostra-nos Ta'aroa, "o antepassado de todos os deuses" e criador do universo, "na sua concha, no meio das trevas, desde a eternidade. A sua concha assemelha-se a um ovo que rola no espaço ilimitado." O motivo do ovo cosmogônico que se encontra na Polinésia é comum à Índia antiga, à Indonésia, ao Irã, à Grécia, à Fenícia, à Letônia, à Estônia, à Finlândia, aos pangwe da África Ocidental, à América Central e à costa oeste da América do Sul. O centro de difusão deste mito está provavelmente na Índia ou na Indonésia. Muito importantes para nós são os paralelos míticos ou rituais do ovo cosmogônico: na Oceania, por exemplo, crê-se que o homem nasceu de um ovo — por outras palavras, a cosmogonia serve, aqui, de modelo à antropogonia, a criação do homem imita e repete a do cosmos.

Por outro lado, em muitos lugares, o ovo aparece junto aos símbolos e aos emblemas da renovação da natureza e da vegetação. As chamadas árvores do Ano Novo, o "Maio", a árvore do São João, são decoradas com ovos ou cascas de ovos. Ora, é sabido que todos estes emblemas da vegetação e do Ano Novo resumem, de certa maneira, o mito da criação periódica. Ligado à "árvore", ela própria símbolo da natureza e da infatigável renovação, o ovo confirma todos estes prestígios cosmogônicos. Daqui, o importante papel que ele desempenha, no Oriente, nas representações do Ano Novo. Na Pérsia, por exemplo, os ovos coloridos constituem o presente específico do Ano Novo, que conservou até hoje o nome de "Festa dos ovos vermelhos." E os ovos vermelhos que se distribuem pela Páscoa nas regiões balcânicas fazem parte, provavelmente, de um sistema ritual análogo, cuja finalidade é comemorar o princípio da Primavera.

Em todos os casos citados, como naqueles a que vamos ainda fazer referência, não se explica a virtude do ritual ovo por uma valorização empírico-racionalista do ovo considerado germe: a sua justificação está no símbolo que o ovo encarna e não se refere tanto ao nascimento quanto a um *re-nascimento* repetido de acordo com o modelo cosmogônico. Doutra forma não se compreenderia o lugar importante que têm os ovos na celebração do Ano Novo e nas festas dos mortos. São conhecidas as ligações do culto dos mortos com o começo do ano: no Ano Novo, quando o mundo é re-criado, os mortos sentem-se atraídos para os vivos e podem, até certo ponto, ter a esperança de voltar à vida. Em qualquer destes conjuntos mítico-rituais, a idéia fundamental não está no "nascimento", mas na *repetição do nascimento exemplar* do cosmos, na imitação da cosmogonia. No decurso da festa hindu da vegetação, Holi, que é também uma festa dos mortos, há o costume, em certas regiões, de acender fogos e lançar neles duas figurinhas humanas, uma, macho, outra, fêmea, e que representam Kâmadeva e Rati. Ao mesmo tempo que a primeira figurinha, lançam-se também no fogo um ovo e uma galinha viva. Sob esta forma, a festa simboliza a morte e a ressurreição de Kâmadeva e de Rati. O ovo confirma e promove a ressurreição que, repetimo-lo, não é um nascimento, mas um "retorno", uma "repetição".

Um simbolismo deste tipo aparece já em certas sociedades pré-históricas e proto-históricas. Em muitas sepulturas da Rússia e da Suécia foram encontrados ovos de argila (Arne vê neles, com razão, um emblema da imortalidade. No ritual osírico, a modelação de um ovo por meio de diversos ingredientes (poeira de diamante, farinha de figos, perfumes...) desempenha um papel acerca do qual não possuímos ainda informações suficientes. Todas as estatuetas de Diónisos encontradas nos túmulos beócios têm um ovo na mão, sinal de regresso à vida. Isto explica a interdição órfica de comer ovos, visto que o orfismo pretendia alcançar, em primeiro lugar, a ruptura do ciclo das reencarnações infinitas, ou, por outras palavras, a abolição do retorno periódico à existência.

Mencionaremos, para terminar, alguns outros empregos rituais do ovo. Em primeiro lugar, o seu papel nos rituais agrícolas que se têm mantido até a nossa época. Para assegurar o crescimento das sementes, o camponês finlandês deve guardar um ovo na algibeira enquanto duram as sementeiras, ou então colocar um ovo na terra arada. Os estônios comem ovos durante o tempo da lavoura "para terem força", os suecos lançam ovos nos campos lavrados. Ao semearem o linho, os alemães juntam-lhe, às vezes, ovos, ou depositam um ovo no campo, ou então consomem ovos durante o tempo das sementeiras. Também entre os alemães há o costume de enterrar nos alqueives ovos de Páscoa benzidos na igreja. Os tcheremisses e os votyaks lançam ovos para o ar antes de começarem a semear e, outras vezes, enterram um ovo na terra lavrada como oferenda à Terra-Mãe. O ovo é, ao mesmo tempo, uma oferenda às divindades ctônicas e uma oferenda corrente no culto dos mortos. Mas, qualquer que seja o conjunto ritual em que ele se insira, o ovo nunca perde o seu sentido principal: assegurar a *repetição* do ato de criação que deu origem *in illo tempore* às formas vivas. Quando se colhe um simples, põe-se, no seu lugar, um ovo, de maneira a garantir o crescimento compensatório de uma planta semelhante.

Em cada um destes exemplos, o ovo garante a possibilidade de *repetir o ato primordial*, quer dizer, a criação. Pode-se portanto falar, em certo sentido, de variantes rituais do mito cosmogônico. É preciso que nos habituemos a dissociar a noção de "mito" das de "palavra", de "fábula" (veja-se a acepção homérica de *mythos:* "palavra", "discurso"), para a aproximarmos das noções de "ação sagrada", de "gesto significativo", de "acontecimento primordial." É mítico não só o que se *conta* de certos acontecimentos que se desenrolam e de personagens que viveram *in illo tempore*, mas ainda *tudo o que se acha em relação direta ou indireta com tais acontecimentos e com personagens primordiais.* Na medida em que é solidário dos rituais do Ano Novo e do renascimento da Primavera, o ovo representa uma epifania da criação e — no quadro não da experiência empírico-racionalista, mas da experiência hierofânica — um resumo da cosmogonia.

De certo ponto de vista, todo o mito é "cosmogônico", visto que todo o mito enuncia o aparecimento de uma nova "situação" cósmica ou de um acontecimento primordial, que se tornam deste modo, pelo simples fato da sua manifestação, paradigmas para todo o tempo futuro. Mas não é sensato deixarmo-nos prender com fórmulas e reduzirmos todos os tipos de mitos a um protótipo único, como aconteceu há alguns anos, quando certos especialistas notáveis reduziram toda a mitologia a epifanias do Sol ou da Lua. Mais instrutivo ainda do que a classificação dos mitos e a procura das suas possíveis "origens" é, em nosso entender, o estudo da sua estrutura e da sua função na experiência espiritual da humanidade arcaica.

O que os mitos revelam

Qualquer que seja a sua natureza, o mito é sempre um *precedente* e um *exemplo*, não só em relação às ações — "sagradas" ou "profanas" — do homem, mas também em relação à sua própria condição. Ou melhor: um precedente para os modos do real em geral. "Nós devemos fazer o que os deuses fizeram no princípio" "Assim fizeram os deuses, assim fazem os homens." Afirmações deste tipo traduzem perfeitamente a conduta do homem arcaico, mas não se pode dizer que elas esgotem o conteúdo e a função dos mitos: com efeito, uma boa parte dos mitos, ao mesmo tempo que narra o que fizeram *in illo tempore* os deuses ou os seres míticos, revela uma estrutura do real inacessível à apreensão empírico-racionalista. Citemos, entre outros, os mitos que poderíamos designar, em poucas palavras, mitos da polaridade — da bi-unidade — e da reintegração e a que dedicamos um estudo especial. Um grupo importante de tradições míticas fala de "fraternidade" entre deuses e demônios — por exemplo, *devas e asuras* — de "amizade" ou de consangüinidade entre heróis e seus antagonistas — tipo Indra e Namuci — entre santos e mulheres diabólicas — tipo São Sisínio e sua irmã Uerzelia, um demônio-fêmea. O mito que dá um "pai" comum a dois personagens que encarnam os princípios polares sobrevive até nas tradições religiosas que põem a tônica no dualismo, como sucede com a teologia iraniana. O zervanismo tem Ormuzd e Ahriman por irmãos, ambos descendendo de Zervan, e no próprio Avesta é possível encontrar vestígios de concepção semelhante. O mesmo mito transitou para as tradições populares: muitas crenças e provérbios romenos afirmam que Deus e Satã eram irmãos.

Uma outra categoria de mitos e lendas esclarece não só a filiação comum de personagens antagonistas, mas também a sua convertibilidade paradoxal. O Sol, protótipo dos deuses, recebe às vezes o nome de "Serpente" (§45) e Agni, o deus do fogo, é também um "sacerdote Asura", quer dizer, essencialmente um "demônio", descrito, por vezes, como "sem pés e sem cabeça, e escondendo as suas duas cabeças" exatamente como uma serpente enrolada. O *Aitareya Brâhmana* afirma que Ahi Budhnyia é, de uma maneira invisível *(parokshena)*, o que Agni é de uma maneira visível (pratyaksha), ou, por outras palavras, a "Serpente" nada mais é que uma virtualidade do fogo, enquanto as trevas são a luz em estado latente. Na *Vâjasaneyi Sambitâ*, V, 33, Ahi Budhnyia é identificado com o Sol. O soma, a bebida que confere a imortalidade, é, por excelência, "divina", "solar", o que não impede que se leia no *Rig Veda* que "Soma", "da mesma forma que Agni, sai da sua velha pele", expressão que confere à ambrosia uma modalidade ofídica. Varuna, deus celeste e arquétipo do "Soberano Universal" (§21), é, ao mesmo tempo, o deus do oceano, morada das serpentes, como refere o Mahâbhârata: ele é o "rei das serpentes" (*nágarâja*) e o *Athauru. Veda* chama-lhe mesmo "víbora".

Na perspectiva da experiência lógica, todos estes atributos ofídicos *não deveriam convir* a uma divindade uraniana como Varuna. Mas o mito desvenda uma região ontológica inacessível à experiência lógica superficial. O mito de Varuna revela a bi-unidade divina, a coincidência dos contrários, a totalização dos atributos no seio da divindade. O mito exprime plástica e dramaticamente o que a metafísica e a teologia definem dialeticamente. Heráclito sabe que "Deus é o dia e a noite, o Inverno e o Verão, a guerra e a paz, a saciedade e a fome: todas as oposições estão Nele." Formulação análoga aparece-nos no texto indiano que nos diz que a Deusa "é Shri (esplendor) na casa daqueles que praticam o bem, mas que ela é Alakshmi (quer dizer o contrário da Lakshmi, deusa da sorte e da prosperidade) na casa dos maus." Mas, por seu lado, este texto explicita somente, à sua maneira, o fato de as grandes deusas indianas (como Kâlî), como as grandes deusas em geral, acumularem tanto os atributos da doçura como os do terror. Elas são, ao mesmo tempo, divindades de fecundidade e da destruição, do nascimento e da morte (freqüentemente, são também deusas de guerra). Kâlî, por exemplo, é chamada "a doce e a benevolente", o que não impede a sua mitologia e a sua iconografia de serem terrificantes (Kâlî está coberta de sangue, traz um colar de crânios humanos, segura um cálice feito de um crânio) e o seu culto de ser o mais sangrento da Asia. Na Índia, a par de uma "forma suave", cada divindade apresenta uma "forma terrível" *(Krodhamûrti)*. A este respeito, Shiva pode ser tido por arquétipo de uma rica série de deuses e de deusas, visto que cria e destrói ritmicamente todo o universo.

"Coincidentia oppositorum" — modelo mítico

Todos estes mitos nos apresentam uma dupla revelação:

1º Manifestam, por um lado, a polaridade de duas personalidades divinas, provenientes de um único e mesmo princípio e destinadas, em diversas versões, a reconciliarem-se num *illud tempus* escatológico;

2º Manifestam, por outro lado, a *coincidentia oppositorum* na estrutura profunda da divindade, a qual se revela alternada ou concorrentemente benévola e terrível, criadora e destruidora, solar e ofidiana, isto é, manifesta e virtual. Neste sentido, é justo dizer-se que o mito revela, mais profundamente do que revelaria a própria experiência racionalista, a estrutura da divindade, que se situa para além dos atributos e reúne todos os contrários. A prova de que tal experiência mítica não é aberrante está no fato de que ela se integra quase universalmente na experiência religiosa da humanidade, até mesmo numa tradição tão rigorosa como é a tradição judaico-cristã. Yahvé é bom e colérico ao mesmo tempo. O deus dos místicos e dos teólogos cristãos é *terrificante e doce* e é desta *coincidentia oppositorum* que partiram as mais ousadas especulações de um pseudo-Dinis, de um Mestre Eckhart, ou de um Nicolau de Cusa.

A *coincidentia oppositorum* é uma das maneiras mais arcaicas de exprimir o paradoxo da realidade divina. Voltaremos a esta fórmula, a propósito das "formas" divinas, quer dizer, da estrutura *sui generis* que revela qualquer "personalidade" divina, havendo que entender-se que a personalidade divina não pode ser tida, em caso algum, por simples projeção da personalidade humana. No entanto, se bem que tal concepção, na qual todos os contrários coincidem — ou melhor são transcendidos — constitua precisamente uma definição *mínima* da divindade e mostre até que ponto esta é "absolutamente diferente" do homem, a *coincidentia oppositorum* não deixa por isso de se tornar um modelo exemplar para certas categorias de homens religiosos ou para certas modalidades da experiência religiosa. A *coincidentia oppositorum* ou a transcendência de todos os atributos podem ser realizadas pelo homem de todas as maneiras. É assim que a "orgia" a apresenta ao nível mais elementar da vida religiosa: pois não simboliza ela o retorno ao amorfo e ao indistinto, a recuperação de um estado no qual todos os atributos se anulam e os contrários coincidem?

Mas, por outro lado, desvendamos os mesmos ensinamentos no próprio ideal do *sage* e do asceta oriental, cujas técnicas e métodos contemplativos têm em vista transcender radicalmente todas as qualidades, qualquer que seja a sua natureza. O asceta, o *sage*, o místico indiano ou chinês esforça-se por suprimir da sua experiência e da sua consciência toda espécie de "extremos", quer dizer, por adquirir um estado de neutralidade e de indiferença perfeitas, por se tornar impermeável ao prazer e à dor... por se tornar autônomo. Esta superação dos extremos por meio da ascese e da contemplação conduz, também, à "coincidência dos contrários": a consciência de tal homem deixa de conhecer conflitos e os pares de contrários — prazer e dor, desejo e repulsa, frio e quente, agradável e desagradável — desaparecem da sua experiência, ao mesmo tempo que uma "totalização" se opera nele e emparelha com a "totalização" dos extremos no seio da divindade. Aliás, como vimos já, na perspectiva oriental a perfeição é inconcebível sem uma totalização efetiva dos contrários. O neófito começa por tentar "cosmicizar" toda a sua experiência, assimilando-a aos ritmos que dominam o universo (o Sol e a Lua), mas, uma vez obtida esta "cosmicização", ele orienta todo o seu esforço no sentido de *unificar* o "Sol" e a "Lua", quer dizer, de assumir *todo o cosmos:* ele refaz em si e por sua conta a unidade primordial anterior à criação, uma unidade que não significa o caos da pré-criação, mas o *ser* indiferenciado no qual todas as formas são reabsorvidas.

O mito da androginia divina

Um novo exemplo ilustrará mais claramente ainda o esforço feito pelo homem religioso para imitar o arquétipo divino revelado pelos mitos. Dado que todos os atributos coexistem na divindade, é de esperar que nela coincidam igualmente, sob uma forma mais ou menos manifesta, os dois sexos. A androginia divina não é outra coisa senão uma fórmula arcaica da bi-unidade divina. O pensamento mítico e religioso, antes mesmo de exprimir este conceito da bi-unidade divina em termos metafísicos *(esse — non esse)*, ou teológicos (manifestado — não manifestado), começou por exprimi-lo em termos biológicos (bissexualidade). Já tivemos ocasião, mais de uma vez, de verificar que a ontologia arcaica se exprime em termos biológicos. Mas não devemos deixar-nos iludir pelo aspecto exterior desta linguagem, tomando a terminologia mítica no sentido concreto, profano, "moderno" das palavras. "A mulher, num texto mítico ou ritual, nunca é a "mulher": ela remete para o princípio cosmológico que ela incorpora. Por isso, a androginia divina, que se encontra em tantos mitos e crenças, tem um valor teórico, metafísico. A verdadeira intenção da fórmula é a de exprimir — em termos biológicos — a coexistência dos contrários, dos princípios cosmológicos — quer dizer, *macho e fêmea* — no seio da divindade.

Não é este o lugar indicado para retomar um problema já tratado no nosso *Mythe de la Réintégration.* Lembremos, simplesmente, que as divindades da fertilidade cósmica são, na maior parte, andróginas, ou então são fêmeas num ano e machos no ano seguinte (caso, por exemplo, do "Espírito da Floresta" dos estônios). A maior parte das divindades da vegetação — tipo Attis, Adônis, Diónisos — e da Grande Mãe — tipo Cibele — é bissexuada. Numa religião tão arcaica como é a religião australiana, o deus primordial é andrógino, como o é também nas religiões mais evoluídas, na Índia, por exemplo — por vezes, mesmo Diaus, Purusha, o Macrantropo cósmico. — O par divino mais importante do panteon indiano, Shiva-Kâlî, é, por vezes, representado sob a forma de um ser único *(ardhanârîshvara)*. E a iconografia tântrica abunda em imagens que nos mostram o deus Shiva a enlaçar estreitamente Shakti, a sua própria "potência", figurada como divindade feminina (Kâlî). Aliás, toda a mística erótica indiana tem por objeto específico a perfeição do homem pela sua identificação com um "par divino", quer dizer, por via da androginia.

A bissexualidade divina é um fenômeno muito espalhado nas religiões e — característica que deve ser sublinhada — são andróginas até mesmo *divindades masculinas ou femininas por excelência*. Qualquer que seja a forma em que a divindade se manifeste, ela é a realidade última, o poder absoluto, e esta realidade, este poder, negam-se a deixarem-se limitar por qualquer espécie de atributos e de qualidades (bom, mau, macho, fêmea). Alguns dos deuses egípcios mais antigos eram bissexuados. Entre os gregos, a androginia não deixou de ser admitida, mesmo nos últimos séculos da Antigüidade. Quase todos os deuses importantes da mitologia escandinava conservam ainda vestígios de androginia: Odhin, Loki, Tuisto, Nerthus· O deus iraniano do tempo ilimitado, Zervan, que os historiadores gregos traduziam, com razão,. Cronos, é também andrógino, e Zervan deu origem, como já referimos, aos dois gêmeos Ormuzd e Ahriman, o deus do bem e o deus do mal, o deus da luz e o deus das trevas. Os próprios chineses reconhecem uma divindade suprema andrógina, que era precisamente o deus da obscuridade e da luz: o símbolo é corrente, visto que a luz e as trevas são apenas aspectos sucessivos de uma única e mesma realidade. Considerados isoladamente, estes aspectos pareceriam separados, opostos, mas aos olhos do sage eles revelam-se mais do que "gêmeos" (como Ormuzd e Ahriman): eles formam uma única essência, ora manifestada, ora não manifestada.

Os "pares divinos" — do tipo Bêl-Bêlit — são, na maior parte dos casos, invenções tardias ou formulações imperfeitas da androginia primordial que caracteriza toda divindade. Assim, entre os semitas, a deusa Tanit era cognominada "a filha de Baal", e Astarté, "o nome de Baal." São muitos os casos em que a divindade tinha o nome de "pai e mãe", e da sua substância, sem qualquer intervenção, nasciam os mundos, os seres, os homens. A androginia divina implica, como conseqüência lógica, a monogenia ou a autogenia: inúmeros mitos contam como a divindade tirou a sua existência de si mesma, maneira simples e dramática de acentuar que a divindade se basta plenamente. O mesmo mito reaparecerá, assente então numa metafísica refinada, nas especulações neoplatônicas e gnósticas do fim da Antigüidade.

O mito da androginia humana

Ao mito da androginia divina — que revela o melhor possível, entre outras expressões da *coincidentia oppositorum*, o paradoxo da existência divina — corresponde toda uma série de mitos e de rituais relativos à androginia humana. Aqui, o mito divino constituiu o paradigma da experiência religiosa do homem. Muitas tradições encaram o "homem primordial", o antepassado, como um andrógino, tipo Tuisto, e versões míticas mais tardias falam dos "pares primordiais" — tipo Yama, isto é, "gêmeos", e irmã, Yamî, ou o par iraniano Yima-Yimagh, Mashyagh-Mashyânagh. Alguns comentários rabínicos dão a entender que Adão também foi, por vezes, concebido como andrógino. O "nascimento" de Eva não teria sido, pois, mais do que a cisão do andrógino primordial em dois seres: macho e fêmea. "Adão e Eva foram feitos dorso com dorso, ligados pelos ombros. Então Deus separou-os dando um golpe de machado ou cortando-os em dois. Outros são de opinião diferente: o primeiro homem (Adão) era homem do lado direito e mulher do lado esquerdo, mas Deus rasgou-o em duas metades." A bissexualidade do homem primitivo forma uma tradição ainda muito viva nas chamadas sociedades primitivas — por exemplo, na Austrália, na Oceania — e ficou mesmo no seu estado originário ou em estado reformado numa antropologia tão avançada como a de Platão e dos gnósticos.

Uma prova mais de que há que ver na androginia do homem primordial uma das expressões da perfeição e da totalização está no fato de o andrógino original ser freqüentemente concebido como esférico (Austrália, Platão): ora — é uma característica bem conhecida — desde as mais arcaicas culturas a esfera simbolizou a perfeição e a totalidade. O mito do andrógino esférico encontra-se assim com o do ovo cosmogônico. Por exemplo, segundo a tradição taoísta, originariamente os "sopros" — que encarnavam, entre outros, os dois sexos — confundiam-se e formavam um ovo, o Grande-Uno, do qual se destacaram, mais tarde, o Céu e a Terra. Este esquema cosmológico serviu, evidentemente, de modelo às técnicas de fisiologia mística dos taoístas.

O mito do deus andrógino e do "antepassado" — o "homem primordial" — bissexuado é paradigmático em relação a todo um conjunto de cerimônias coletivas que tendem a *reatualizar periodicamente* esta condição inicial, considerada o modo perfeito da humanidade. Além das operações de circuncisão e de subincisão que têm por finalidade a transformação ritual do jovem australiano ou da jovem australiana num andrógino, há que referir todas as cerimônias de "troca de trajes," que são apenas versões atenuadas da androginia. Na Índia, na Pérsia e em outras partes da Asia, o ritual de "troca de trajes" desempenha um papel importante nas festas agrícolas. Em certas regiões da Índia, os homens trazem mesmo seios artificiais no decurso de uma festa da deusa da vegetação que é, naturalmente, também andrógina.

Em resumo, o homem experimenta periodicamente a necessidade de recuperar — nem que seja pelo tempo de um relâmpago — a condição da humanidade perfeita, na qual os sexos coexistiam como coexistem, a par de todas as outras qualidades e de todos os outros atributos, na divindade. O homem que trazia roupas de mulher não se tornava, por isso, mulher, como pareceria a uma observação superficial, mas realizava por um momento a unidade dos sexos, um estado que lhe facilitava a compreensão total do cosmos. A necessidade que o homem experimenta de anular periodicamene uma condição diferenciada e bem fixada, para reencontrar a "totalização" primordial, explica-se pela mesma necessidade da "orgia" periódica em que todas as formas se desintegram para terminarem na recuperação do "Mesmo", do "Todo-Uno" anterior à Criação. Acabamos de descobrir aqui, mais uma vez, a necessidade de abolir o passado, de suprimir a "história" e de recomeçar uma nova vida por uma nova criação. Morfologicamente, o ritual da "troca de trajes" é análogo à "orgia" cerimonial. Acontecia, de resto, freqüentemente, que os disfarces fossem pretextos paa orgias propriamente ditas. No entanto, mesmo as variações mais aberrantes destes rituais não conseguiram anular-lhes a significação essencial, quer dizer, a reintegração na condição paradisíaca do "homem primordial". E todos estes rituais têm por modelos exemplares os mitos da androginia divina.

Se quiséssemos ilustrar com mais exemplos a função paradigmática dos mitos, não teríamos mais do que retomar boa parte do processo reunido nos capítulos anteriores. Como se viu, nem sempre se trata de um paradigma destinado aos rituais, mas também a outras experiências religiosas e metafísicas, tais como a "sageza", as técnicas de fisiologia mística, etc. Poder-se-ia mesmo dizer que os mitos fundamentais revelam arquétipos que o homem se aplica a realizar muitas vezes para além da vida religiosa propriamente dita. Um exemplo: a androginia obtém-se não só por meio das operações cirúrgicas que acompanham as cerimônias australianas de iniciação, por uma "orgia" ritual, pela "troca de trajes", mas também por via da alquimia — *Rebis* fórmula da "pedra filosofal," também chamada a "andrógina hermética," por casamento, por exemplo, na Cabala —, e até pelo ato sexual (na ideologia romântica alemã). No fundo, pode-se mesmo falar de uma "androginização" do homem pelo amor visto que, no amor, cada sexo adquire, conquista as "qualidades" do sexo oposto (a graça, a submissão, o devotamento adquirido pelo homem amoroso).

Mitos de renovação, de construção, de iniciação, etc.

Em caso algum pode o mito ser tido por simples projeção fantástica de um acontecimento "natural". No plano da experiência mágico-religiosa — já insistimos neste ponto — a natureza nunca é "natural". O que parece à mentalidade empírico-racionalista uma *situação* ou um *processo* natural revela-se, na experiência mágico-religiosa, como uma cratofania ou uma hierofania. E é unicamente por estas cratofanias e estas hierofanias que a "natureza" se torna objeto mágico-religioso e, nesta qualidade, tem interesse para a fenomenologia religiosa e para a história das religiões. Os mitos dos "deuses da vegetação" constituem, a este respeito, um excelente exemplo de transmutação e de valorização de um acontecimento cósmico "natural". Não é o desaparecimento nem o reaparecimento da vegetação que criam as figuras e os mitos destes deuses — do tipo Tammuz, Attis, Osíris...; não é, em qualquer caso, a simples observação empírico-racionalista deste fenômeno "natural". O aparecimento e o desaparecimento da vegetação sempre foram sentidos, na perspectiva da experiência mágico-religiosa, como um *sinal* da criação periódica do cosmos. A paixão, a morte e a ressurreição de Tammuz, tal como se revelam no mito e no que elas próprias revelam, estão tão longe do "*fenômeno natural*" do Inverno e da Primavera como Madame Bovary ou Ana Karenina estão do adultério. É que, como a obra de arte, o mito é um ato autônomo de criação do espírito: é *por este ato de criação* que a revelação se opera e não pela matéria ou pelos acontecimentos que ela explora. Em resumo, é o mito de Tammuz que *revela* o drama da morte e da ressurreição da vegetação, e não o contrário.

Efetivamente, o mito de Tammuz, como o mito dos deuses análogos, desvenda uma modalidade cósmica que supera consideravelmente a zona da vida vegetal. Ele descobre, por um lado, a *unidade* fundamental vida-morte e, por outro lado, as esperanças que o homem põe nesta unidade fundamental e que dizem respeito à sua própria vida depois da morte. Deste ponto de vista, pode-se encarar o mito da paixão, da morte e da ressurreição dos "deuses da vegetação" como paradigmático em relação à condição humana, pois que revela a natureza melhor e mais intimamente do que o fariam a observação e a experiência empírico-racionalistas, e é para manter e renovar esta revelação que o mito deve ser celebrado e repetido. O aparecimento e o desaparecimento da vegetação, tomados em si mesmos como "fenômenos cósmicos," nada mais significam do que aquilo que são: um aparecimento e um desaparecimento periódico da vida vegetal. Só o mito transfigura este *acontecimento* em *categoria*: por um lado, certamente, porque a morte e a ressurreição dos deuses da vegetação se tornam os arquétipos de todos os mortos e de todas as ressurreições, quaisquer que sejam e qualquer que seja o plano em que se manifestem, mas, por outro lado, também porque elas revelam o destino da condição humana melhor do que o poderia fazer qualquer outro meio empírico-racionalista.

Do mesmo modo, certos mitos cosmogônicos que narram a criação do universo a partir do corpo de um gigante primordial, ou até mesmo a partir do corpo e do sangue do próprio Deus Criador, tornaram-se o modelo não só dos "ritos de construção" — que implica, como se sabe, o sacrifício de um ser vivo quando se erige uma casa, uma ponte, um santuário — mas também de toda a espécie de "criação", na extensão mais vasta do termo. O mito revelou a condição de todas as "criações" cujo processamento requer uma "animação", quer dizer, a comunicação direta da vida por uma criatura que já possua essa vida; ele revelou, ao mesmo tempo, *a impotência do homem em criar* para além da sua própria reprodução, que, de resto, em muitas sociedades é atribuída a forças religiosas estranhas ao homem (as crianças nascem das árvores, das pedras, das águas, dos "antepassados", etc.).

Muitos mitos e lendas descrevem as "dificuldades" encontradas por um semi-deus ou por um herói para penetrar num "domínio interdito" que simboliza sempre um território transcendente — o Céu ou o Inferno. É uma ponte cortante como uma faca que há que atravessar, um cipó que balouça ao ser percorrido, dois rochedos quase contíguos entre os quais é preciso passar, uma porta entreaberta uma fração de segundo e pela qual há que entrar, uma região rodeada de montanhas, de água, de um círculo de fogo e guardada por monstros, ou ainda uma porta situada no lugar "onde o Céu e a Terra se abraçam", ou no sítio onde se juntam "os fins do nno". Algumas versões destes mitos das "provas", como os trabalhos e as aventuras de Héracles, a expedição dos Argonautas e outros tiveram mesmo uma brilhante carreira literária na Antigüidade, não deixando de ser exploradas e refundidas pelos mitógrafos e pelos poetas, e tendo sido, por sua vez, imitadas nos ciclos de lendas semi-históricas, como o ciclo de Alexandre Magno, que erra pela região das trevas, busca a planta da vida, luta com monstros, etc. Muitos destes mitos constituem, incontestavelmente, o arquétipo dos ritos de iniciação. Mas estes mitos da "procura da região transcendente" denunciam ainda uma coisa diferente dos rituais iniciáticos, e que é a modalidade "paradoxal" da superação desta polaridade que é inseparável de qualquer mundo, de qualquer "condição". A passagem pela "porta estreita", pelo "buraco da agulha", entre os "rochedos que se tocam" mobiliza sempre um par de contrários —

tipo bem-mal, noite-dia, alto-baixo... Neste sentido, é legítimo dizer que os mitos da "procura" e das "provas iniciáticas" revelam, sob uma forma plástica e dramática, o próprio ato pelo qual o espírito transcende um cosmos condicionado, polar e fragmentário, para reencontrar a unidade fundamental anterior à criação.

A estrutura de um mito: Varuna e Vrtra

O mito, como o símbolo, tem a sua "lógica" própria, uma coerência intrínseca que lhe permite ser "verdadeiro" em muitos planos, por muito afastados que estes estejam do plano em que o mito originariamente se manifestou. Dissemos atrás de que modos e em que perspectivas é "verdadeiro" — e portanto, aplicável, utilizável — o mito cosmogônico. Lembremos, para dar ainda um exemplo, o mito e a estrutura de Varu*na*, deus celeste e soberano, todo-poderoso e, se for caso disso, "ligador" pelo seu "poder espiritual", pela "magia". Mas o seu aspecto cósmico é mais complexo ainda: ele não é só, como vimos, um deus celeste, mas também um deus lunar e aquático. Houve em Varu*na*, e talvez desde muito cedo, uma certa dominante "noturna" que Bergaigne e, recentemente, A. K. Coomaraswamy não deixaram de sublinhar. Bergaigne fazia referência ao comentador de *Taittirîya Samhîtâ*, segundo o qual Varu*na* designa "aquele que envolve como a escuridão." Este aspecto "noturno" de Varu*na* não se pode interpretar exclusivamente no sentido uraniano de "Céu noturno", mas no sentido mais lato, verdadeiramente cosmológico e mesmo metafísico: a noite *é* também virtualidade, germe, não-manifestação, e é justamente esta modalidade "noturna" de Varu*na* que lhe permitiu tornar-se um deus das águas e que abriu o caminho à sua assimilação com o "demônio" Vrta.

Não podemos abordar aqui o problema "Vrtra-Varu*na*", mas lembremos que há entre as duas entidades mais de um traço comum. Mesmo que não se faça caso do parentesco etimológico provável dos seus dois nomes, é importante salientar que ambos se relacionam com as águas e, em primeiro lugar, com "as águas retidas" ("O grande Varu*na* escondeu o mar... e que Vrtra, como Varu*na* é, às vezes, chamado *mâyin*, "mago". Em certa perspectiva, estas diferentes assimilações de Vrtra e Varu*na*, como aliás todas as outras modalidades e funções de Varu*na*, correspondem-se e justificam-se umas às outras. A noite (o não-manifestado), as águas (o virtual, os germes), a "transcendência" e o "não-agir" (caracteres dos deuses celestes e soberanos) têm uma solidariedade ao mesmo tempo mítica e metafísica com os "ligadores" de qualque tipo, de um lado, e com o Vrtra, que "reteve", "estancou" ou "acorrentou" as águas, de outro lado. No plano cósmico, Vrtra é também um "ligador". Como todos os grandes mitos, o mito de Vrtra é, pois, multivalente, e a sua interpretação não se esgota em um só sentido. Pode-se mesmo dizer que uma das principais funções do mito é a de fixar, de legalizar os níveis do real que se mostram tanto à consciência imediata como à reflexão, múltiplos e heterogêneos. Assim, no mito de Vrtra, ao lado de outros valores, nota-se o de um regresso ao não-manifestado, de uma "paragem", de uma "ligação" que impede a expansão das "formas", quer dizer, da vida cósmica. Não é, evidentemente, legítimo levar mais longe a aproximação de Vrtra e de Varu*na*. Mas não se pode negar o parentesco estrutural entre o "noturno", o "não-atuante", o "mago" Varu*na*, que prende à distância os culpados — e o Vrtra que "acorrenta" as águas. A ação de um como a do outro tem por efeito parar a vida, trazer a morte — no plano individual num caso, no plano cósmico no outro caso.

Mito — "história exemplar"

Todo mito, independentemente da sua natureza, enuncia um acontecimento que teve lugar *in illo tempore* e constitui, por este fato, um precedente exemplar para todas as ações e "situações" que, depois, repetirão este acontecimento. Executados pelo homem, todo ritual ou toda ação dotada de sentido repetem um arquétipo mítico. Ora, como vimos, a repetição implica a abolição do tempo profano e a projeção do homem num tempo mágico-religioso que nada tem a ver com a duração propriamente dita, mas constitui este "eterno presente" do tempo mítico. O que equivale a dizer que, paralelamente às outras experiências mágico-religiosas, o mito reintegra o homem numa época atemporal que é, de fato, um *illud tempus*, quer dizer, um tempo auroral, paradisíaco, para além da história. Aquele que realiza um rito qualquer transcende o tempo e o espaço profanos: do mesmo modo, aquele que "imita" um modelo mítico ou simplesmente escuta ritualmente (participando dela) a recitação de um mito, é arrancado ao devir profano e reencontra o Grande Tempo.

Na perspectiva do espírito moderno, o mito — e com ele todas as outras experiências religiosas — anula a "história". Mas há que notar que a maioria dos mitos, pelo simples fato de que enunciam *o que se passou "in illo tempore"*, constituem, eles próprios, uma *história exemplar* do grupo humano que os conservou e do cosmos deste grupo humano. Não há mito cosmogônico que não seja também uma *história*, visto que conta tudo o que se passou *ab origine*. Com uma reserva, no entanto, a saber — que não se trata de "história" na moderna acepção do termo — a de acontecimentos irreversíveis e não repetíveis — mas de uma *história exemplar* que pode repetir-se — periodicamente ou não — e que tem o seu sentido e o seu valor na própria repetição. A *história que foi na origem* deve repetir-se porque toda a epifania primordial é *rica*, ou, por outras palavras, não se esgota numa única manifestação. Por outro lado, os mitos são ricos pelo seu conteúdo, que é exemplar e, como tal, *oferece* um sentido, cria alguma coisa, anuncia alguma coisa.

A função da história exemplar dos mitos torna-se inteligível, além disso, pela necessidade que o homem arcaico sente de mostrar as "provas" do acontecimento inscrito no mito. Seja o tema mítico bem conhecido: tendo sucedido tal ou tal coisa, os homens tornaram-se mortais, ou então as focas deixaram de ter dedos, ou ainda a Lua apareceu manchada... Este tema é perfeitamente "demonstrável" para a mentalidade arcaica, pelo fato de que o homem *é* efetivamente mortal, de que as focas *não têm* dedos e de que a Lua *apresenta* manchas. O mito que revela como a ilha Tonga foi pescada do fundo do oceano tem a prova da sua veracidade no fato de se poder mostrar ainda a linha que serviu para pescá-la e o rochedo onde se prendeu o anzol. Esta necessidade de provar a veracidade do mito ajuda-nos a desvendar o sentido que a "história" e os "documentos históricos" tinham na mentalidade arcaica. Ela denuncia a importância que o homem primitivo dá às coisas que *verdadeiramente sucederam*, aos acontecimentos que tiveram lugar concretamente em volta dele, e o apetite que o seu espírito manifesta pelo "real", pelo que "é" de modo pleno. Mas, ao mesmo tempo, a função exemplar que se prende a estes acontecimentos de *illud tempus* deixa adivinhar o interesse que o homem arcaico sente pelas realidades significativas, criadoras, paradigmáticas. Interesse que sobrevivia ainda entre os primeiros historiadores do mundo antigo, para os quais o "passado" só tinha sentido na medida em que era um exemplo a seguir e constituía, por conseqüência, a *súmula* pedagógica de toda a humanidade. Esta missão de "história exemplar" reservada ao mito tem de se aproximar — se a quisermos compreender — da tendência do homem arcaico para realizar concretamente um arquétipo ideal, para viver "experimentalmente" a eternidade a partir deste mundo, aspiração que desvendamos por meio da análise do tempo sagrado (§155).

Degradação dos mitos

O mito pode degradar-se em lenda épica, em balada ou em romance, ou então sobreviver em forma diminuída nas "superstições", hábitos, nostalgias, etc., não perdendo, por isso, a sua estrutura nem o seu valor. Temos presente que o mito da árvore cósmica se mantém nas lendas e nos ritos da colheita dos simples (§111). As "provas", os sofrimentos, as peregrinações do candidato à iniciação sobrevivem na narrativa dos sofrimentos e dos obstáculos que o herói épico ou dramático tem de suportar antes de alcançar o seu objetivo (Ulisses, Enéias, Parsifal, certos personagens de Shakespeare, Fausto...). Todas estas "provas" e todos estes "sofrimentos" que têm dado matéria à epopéia, ao drama e ao romance se podem facilmente reduzir aos sofrimentos e aos obstáculos rituais do "caminho para o centro" (§146). Sem dúvida que o "caminho" não se desenrola já no mesmo plano iniciático, mas — falando em termos de tipologia — as deambulações de Ulisses ou a busca do Santo-Graal encontram-se até nos grandes romances do século XIX, para não falarmos da literatura de pacotilha cujas origens arcaicas são bem conhecidas. Enquanto hoje o romance policial conta a luta de um criminoso e de um detetive (o "gênio bom" e o "gênio mau", o dragão e o Príncipe Encantado dos contos...), há algumas gerações havia um certo deleite em mostrar um príncipe órfão ou uma criança inocente vítimas de um "celerado", e há uns 150 anos estavam em voga os romances "negros" e "frenéticos", com os seus "monges negros", os seus "italianos", os seus "celerados", as suas "meninas raptadas", os seus "protetores disfarçados"... Mas se as tonalidades da efabulação se explicam pela coloração e pela orientação variável da sensibilidade popular, o tema não mudou.

Evidentemente, cada nova modalidade implica um "adensamento do conflito e dos personagens dramáticos, um obscurecimento da transparência original, assim como a multiplicação das notas específicas de "cor local". Mas os modelos transmitidos do mais longínquo passado não desaparecem, nem perdem o seu poder de reatualização, permanecendo válidos para a consciência "moderna". Um exemplo entre muitos: Aquiles e Soeren Kirkegaard. Aquiles, como tantos outros heróis, não se casa, se bem que lhe tenha sido vaticinada uma vida feliz e fecunda se se casasse; mas então teria de renunciar a ser um herói, não realizaria o "único", não conquistaria a imortalidade. Kirkegaard passa exatamente pelo mesmo drama existencial a propósito de Regina Olsen: ele recusa o casamento para permanecer ele próprio, "o único", para poder esperar o Eterno, repelindo a modalidade de uma existência feliz para o "geral". Confessa-o claramente num fragmento do seu *journal* íntimo: "Eu seria mais feliz, num sentido finito, se pudesse afastar de mim este espinho que sinto na minha carne; mas, num sentido infinito, estaria perdido." Eis aqui como uma estrutura mítica continua a ser realizável, e se realiza de fato no plano da experiência existencialista e, neste caso particular, sem qualquer consciência nem influência do modelo mítico.

O arquétipo continua a ser criador mesmo quando se degrada para níveis cada vez mais baixos. Tomemos, por exemplo, o mito das Ilhas Afortunadas ou do Paraíso Terrestre, que não só perturbou a imaginação dos profanos mas também a ciência náutica até a gloriosa época dos grandes descobrimentos marítimos. Quase todos os navegadores, até mesmo aqueles que perseguiam uma finalidade econômica precisa (caso do caminho marítimo da Índia), tinham *também* em vista o descobrimento das Ilhas dos Bem-aventurados ou do Paraíso Terrestre. E toda gente sabe que não faltou quem imaginasse que eles tinham, com efeito, descoberto a ilha do Paraíso. Dos fenícios aos portugueses, todos os grandes descobrimentos geográficos foram provocados por este mito da região edênica. E foram só estas viagens, indagações e descobertas as que adquiriram um sentido espiritual e foram criadoras de cultura. Se a memória da viagem de Alexandre às Índias permaneceu imorredoura é que, assimilada à categoria mítica, ela satisfazia a necessidade de "geografia mítica", a única que o homem não pode dispensar. As bases comerciais dos genoveses na Criméia e no Mar Cáspio, as dos venezianos na Síria e no Egito, supunham uma ciência náutica muito avançada e, no entanto, os itinerários comerciais em questão "não deixaram qualquer lembrança na história dos descobrimentos geográficos." Em compensação, expedições para o descobrimento das regiões míticas não foram apenas criadoras de lendas: elas contribuíram mesmo para o progresso da ciência geográfica.

Estas ilhas e estas terras novas conservaram o seu caráter mítico muito tempo depois de a geografia se ter tornado científica. "A Ilha dos Bem-aventurados" sobreviveu a Camões, atravessou o século das luzes, a época do romantismo e não perdeu o seu lugar no nosso tempo. Mas a ilha mítica já não significa, para o futuro, o Paraíso Terrestre: ela é a ilha dos Amores (Camões), a ilha do "bom selvagem" (Daniel de Foe), a ilha de Eutanasius (Eminescu) ou a ilha "exótica", uma região de sonho com belezas secretas, a ilha da liberdade, do *jazz,* do repouso perfeito, das férias ideais, dos cruzeiros em paquete de luxo, e a que o homem moderno aspira por influência da literatura, do cinema ou, muito simplesmente, da sua imaginação. A *função* da região edênica, privilegiada, permaneceu imutável, só a sua valorização sofreu numerosos desvios desde o Paraíso Terrestre (no sentido que a Bíblia dá a este nome) até o paraíso exótico com que sonham os nossos contemporâneos. "Queda", sem dúvida, mas queda fecunda. Em todos os níveis da experiência humana, por muito modestos que se suponham, o arquétipo continua a valorizar a existência e a criar "valores culturais": a ilha dos romances modernos ou a ilha de Camões não é menor valor cultural do que tantas e tantas ilhas da literatura medieval.

Queremos com isto dizer que o homem, ainda que escape a tudo o mais, fica irremediavelmente preso às suas intuições arquetípicas, criadas no momento em que tomou consciência da sua situação no cosmos. A nostalgia do Paraíso denuncia-se nos atos mais banais do homem moderno. O *absoluto* não pode ser extirpado: ele é tão-só suscetível de degradação. E a espiritualidade arcaica sobrevive, à sua maneira, não como *ato,* não como possibilidade de realização real para o homem, mas como uma nostalgia criadora de valores autônomos: arte, ciências, mística social...

AS ESTRELAS – MITO E SEDUÇÃO NO CINEMA
Edgar Morin
Formato: 14 x 21
164 páginas
Editora José Olympio
Tel.: (021) 221-6939
Rio de Janeiro
1990
(Ver pág. 139)

Mito e Sedução no Cinema

EDGAR MORIN

Desde o seu nascimento, o cinema sonhou recorrer a vedetes consagradas do teatro. May Irvin e John Rice uniram seus lábios em *O beijo*, de Raff e Gammon. Sarah Bernhardt, os atores da *Comédie Française* prestaram sua contribuição ao filme de arte. Mas a era das vedetes de teatro, em papéis e cenários teatrais, foi efêmera.

A estrela se constitui ao lado dos novos heróis de filmes que são interpretados por atores anônimos e pobres. Os personagens das histórias em quadrinhos, Nick Carter, Fantomas, invadem a tela. Para Nick Carter chegaram subitamente, dos quatro cantos do globo, as primeiras cartas de amor. Mas Nick Carter não é uma estrela: é um herói de filme. Ignora-se o nome de seu intérprete, Liebel.

Paralelamente, os heróis cômicos espontaneamente batizados Max, depois Fatty, Picratt, etc., pelo público, anunciam as estrelas. Enquanto o intérprete, se bem que ainda anônimo, começa a fazer sentir suas exigências. Max Linder, contratado pela Pathé em 1905 por um cachê de 20 francos, ganha, em 1909, 150 mil francos por ano.

Está próxima a etapa decisiva na qual a figura do intérprete se libertará da personagem, como de uma crisálida; será também necessário que as personagens se diversifiquem, que o herói único das séries dê lugar a múltiplos heróis, diferentes embora parecidos, segundo os filmes. À medida que o nome do intérprete se torna tão ou mais forte que o da personagem, começa a se operar enfim a dialética do ator e do papel, na qual surgirá a estrela.

De fato, os filmes se metamorfoseiam sob a pressão de uma força cada vez mais insistente: o papel do amor aumenta e ganha importância no filme. O rosto feminino sobe ao zênite da tela.

A estrela está em fermentação na heroína e no herói. Zukor percebe rapidamente que o público quer vedetes e por isso recorre a Sarah Bernhardt, compra os "filmes de arte" franceses, funda a *Famous Players* (1912-1913).

Os *famous players* já não serão as velhas vedetes do palco, mas rostos novos e adoráveis. Carl Laemmle traz Mary Pickford da *Biograph*, oferecendolhe um contrato de 195 dólares. Os produtores, que até então procuravam introjetar seu próprio nome ou o de suas empresas no imaginário do público, lançam a partir daí as estrelas. A era do *star film* acabou. Começam os filmes das estrelas.

Essas novas vedetes surgem a partir de personagens de heroínas ou heróis que representam. Embora determinados por elas, também as determinam: a partir de 1914, Tebo Mari se recusa a usar barba para representar Atila, e, pelos mesmos motivos capilares, Alberto Capossi rejeita o papel de São Paulo (Emílio Ghione, "O cinema italiano", *Art Cinématographique*, VII, p. 46): nascem as primeiras estrelas.

De 1913-1914 a 1919, a estrela se cristaliza simultaneamente nos Estados Unidos e na Europa. Mary Pickford, Little Mary, é a primeira e exemplar estrela: seu título de *noivinha do mundo* a oferece à projeção-identificação do espectador. Na mesma época aparece a diva italiana: Francesca Bertini, melodramática, possessa de amor. E a *vamp* dinamarquesa importada pelos Estados Unidos, Théda Bara, que introduz o beijo na boca — não o beijo teatral de Raff e Gammon — mas a longa união na qual a mulher-vampiro suga a alma de seu amante. Pouco depois de 1918, Cecil B. de Mille lançará o modelo de mulher bela, provocante e excitante, que imporá a Hollywood os cânones de "beleza-juventude-*sex-appeal.*"

Ao mesmo tempo surgem as primeiras estrelas masculinas, não ainda os "ídolos do amor", mas continuadores dos prestigiosos heróis dos primeiros filmes, atletas acrobáticos e lutadores. Conseguem, à força dos saltos de Douglas Fairbanks ou ao preço das valoross cavalgadas de

Tom Mix, fazer triunfar os seus nomes.

Em 1919, o conteúdo, a direção e a publicidade dos filmes gravitam ao redor da estrela. O *star system* é, desde então, o coração da indústria cinematográfica.

É então que se abre, de 1920 a 1931-1932, a era gloriosa. Alguns grandes arquétipos polarizam a tela. A virgem inocente ou rebelde, com imensos olhos crédulos, de lábios entreabertos ou suavemente sarcásticos (Mary Pickford e Lilian Gish nos Estados Unidos, Suzanne Grandais na França), a *vamp*, saída das mitologias nórdicas, e a grande prostituída, saída das mitologias mediterrâneas, se diferenciam e se confundem no seio do grande arquétipo da *femme fatale*. Esta se universaliza rapidamente. A partir de 1922, Shoharo Hanavagi introduz a *vamp* no cinema japonês.

Entre a virgem e a mulher fatal surge a divina, tão misteriosa e soberana quanto a *femme fatale*, tão profundamente pura e destinada ao sofrimento quanto a jovem virgem. A divina sofre e faz sofrer. Garbo encarna "a beleza do sofrimento", diz Balazs (*Theory of film.*, p. 288). "É o sofrimento da solidão... O seu olhar pensativo vem de longe" (*Ibid.*) Ela está perdida em seus sonhos, aliás inacessíveis. Daí o seu mistério divino. O ídolo esquizofrênico se opõe à mulher presente demais, à amiga, à irmã que não atrai a adoração, ou seja, o amor. Ela transcende a *femme fatale* por sua pureza de alma.

Os grandes arquétipos masculinos se ampliam. O herói cômico se impõe no longa-metragem. Ao redor dos heróis da justiça, da aventura, da ousadia, descendentes fílmicos de Teseu, Hércules e Lancelote, cristalizam-se os grandes gêneros épicos.

Ao herói da aventura junta-se o herói do amor, jovem inicialmente fatal, de traços efeminados, o olhar em brasa. Entre esses dois arquétipos, Rodolfo Valentino opera uma espécie de síntese perfeita. *Sheik* árabe, senhor romano, aviador, deus que morre, renasce e se metamorfoseia, como Osíris, Atis, Dionísio, herói de feitos inomináveis, ele permanece, antes de tudo, ídolo do amor.

Ao apogeu na tela corresponde o apogeu da vida mítico-real das estrelas de Hollywood. Sublimes, excêntricas, mandam construir imitações de castelos feudais, mansões em forma de templos antigos, com piscinas de mármore, estábulos, estradas de ferro particulares. Vivem muito longe, muito acima dos mortais. Consomem as suas vidas no capricho e no jogo.

Amam-se e difamam-se, e seus amores confusos são tão fatais na vida como nos filmes. Ignoram o casamento, a não ser com príncipes e aristocratas. Pola Negri concede sucessivamente sua mão ao conde Eugène Domski e ao príncipe Serge Mdivani. Uma adoração exaltada as envolve.

A morte de Rodolfo Valentino é o momento culminante da grande época das estrelas. Duas mulheres se suicidam diante da clínica onde Valentino acaba de expirar. Seus funerais transcorrem em meio à histeria coletiva. Seu túmulo jamais deixará de ter flores.

Garbo, presente-ausente entre nós, testemunha hoje a grandeza passada das estrelas. Grande demais para um cinema que se tornou muito pequeno, só muito dificilmente concede rodar de tempos em tempos alguns filmes antes de se fechar no silêncio. Sobrevivente do crepúsculo dos deuses, seu mistério e sua solidão permitem medir a amplitude que eles atingiram. Como em sinal de luto, bem como para se proteger da corrupção do mundo e do tempo, ela dissimula seus traços sob um chapéu sem graça e óculos de lentes grossas e escuras. E é o seu rosto imortal que nossa lembrança vê resplandecer sob seu véu.

Aproximadamente a partir de 1930, o cinema, que se transforma, vai transformar as estrelas.

Os filmes se tornam mais complexos, mais "realistas", mais "psicológicos", mais alegres.

Os grandes gêneros cinematográficos — fantástico, amor, aventura, policial, comédia, etc. — certamente já tinham começado a se enriquecer através de transfusões recíprocas. Certos temas, como o amor, se difundiram em todas as categorias de filme; além disso, cada gênero tendia mais ou menos a integrar como tema menor o que poderia ser a pedra angular de um outro. Em outras palavras, uma evolução natural e progressiva tendia a reunir no interior de cada filme elementos inicialmente espalhados pelos gêneros especializados.

Esta evolução está ligada, como veremos, à evolução e ao aumento do público cinematográfico. Ela é estimulada pela busca do lucro máximo. A multiplicação dos temas (amor, aventuras, comédias) dentro de um mesmo filme traduz um esforço de responder ao maior número de exigências específicas possível, ou seja, de se dirigir a um público potencialmente total. O encarecimento da produção de um filme, resultante dos aperfeiçoamentos técnicos e da integração do sistema sonoro, e a redução da freqüência, a partir da crise de 1929, fornecem estímulos mais ou menos sincrônicos no sentido dessa complexidade temática.

Além disso, o cinema sonoro subverte o equilíbrio entre real e irreal estabelecido pelo cinema mudo. A verdade concreta dos ruídos, a precisão e as nuanças das palavras, se ainda estão em parte contrabalançadas pela magia das vozes, do canto e da música, como veremos, determinam também um clima "realista". Daí, aliás, o desprezo dos cineastas pela nova invenção, que, a seus olhos, tirava do filme o seu encanto...

Em contrapartida, Hollywood opera sob o signo do otimismo para fazer esquecer os efeitos da "grande depressão" sobre seu público. O *happy end* torna-se uma exigência, um dogma. A maioria dos filmes ganha as cores de uma amável fantasia. Um gênero novo, a comédia ligeira, triunfará depois de *Aconteceu naquela noite*, de Frank Capra. Essa nova estrutura otimista favorece a "evasão" do espectador e, nesse sentido, foge ao realismo. Mas, por outro lado, os conteúdos místicos dos filmes são "profanizados", regressam ao terra-a-terra.

Enfim, já esporadicamente sob influência da crise (*O pão nosso*, de King Vidor), depois com o impulso das grandes correntes progressistas do *New Deal*, os temas sociais irrigam o cinema americano com uma seiva realista (*Fúria, O galante mr. Deeds, As vinhas da ira*, etc.).

Todos esses dados precipitam e orientam a evolução do filme, mas esta evolução é em si mesma determinada por outra corrente profunda, que é o aburguesamento do imaginário cinematográfico.

Espetáculo plebeu em sua origem, o cinema se tinha apropriado dos temas do folhetim popular e do melodrama, nos quais se encontram em estado quase fantástico os arquétipos originais do imaginário: acasos providenciais, a magia do duplo (sósias, gêmeos), aventuras extraordinárias, conflitos edipianos envolvendo padrastos e madrastas, órfãos, segredo de nascimento, inocência ultrajada, morte-sacrifício do herói. O realismo, o psicologismo, o *happy end* e o humor revelam precisamente a transformação burguesa deste imaginário.

As projeções-identificações que caracterizam a personalidade no estágio burguês tendem a aproximar o imaginário e o real, que procuram alimentar-se um do outro.

O imaginário burguês aproxima-se do real ao multiplicar os sinais de verossimilhança e credibilidade. Atenua ou minimiza as estruturas melodramáticas para substituí-las por intrigas que se esforçam por ser plausíveis. Daí o que se chama "realismo". Os componentes do realismo já não são o acaso, a "possessão" do herói por uma força oculta, mas as motivações psicológicas.

O mesmo movimento que aproxima o imaginário do real aproxima o real do imaginário. Em outras palavras: a vida da alma se amplia, se enriquece, se hipertrofia mesmo, no interior da individualidade burguesa. A alma é precisamente o lugar de simbiose no qual imaginário e real se confundem e se alimentam um do outro; o amor, fenômeno da alma que mistura de maneira mais íntima nossas projeções-identificações imaginárias e nossa vida real, ganha mais importância.

É dentro desse quadro que se desenvolve o romantismo burguês. O imaginário se envolve muito mais diretamente com o real, e o real com o imaginário. O laço afetivo entre espectador e herói torna-se tão pessoal, no sentido mais egoísta da expressão, que o espectador passa a temer aquilo que antes exigia: a morte do herói. *O happy end* substitui o fim trágico. A morte e a fatalidade recuam diante de um otimismo providencial.

As linhas de força realistas, psicológicas, otimistas, etc. determinam a evolução do filme de forma particularmente nítida a partir de 1930. Isso significa que o público cresce progressivamente; inicialmente popular e infantil, ele passa a ser constituído por pessoas de todas as idades e camadas da sociedade. Isso significa também que, depois de 1930, se acelera o movimento de acesso das massas populares aos níveis psicológicos da individualidade burguesa.

A ascensão sociológica das classes populares, fenômeno-chave de século XX, deve ser considerada um fenômeno humano total. Através da dialética da luta de classes e do desenvolvimento técnico, o mesmo movimento se manifesta no socialismo e no comunismo, no plano político e social. No plano da vida afetiva e cotidiana, ele se traduz em novas afirmações, em novas participações da individualidade.

A vida afetiva, como dissemos, é ao mesmo tempo imaginária e prática. Os homens e mulheres das camadas sociais em ascensão já não acalentam apenas sonhos desencarnados. Tendem a viver seus sonhos o mais intensamente, o mais precisamente e o mais concretamente possível; eles os assimilam em sua vida amorosa. Marcham rumo à civilização da alma burguesa, isto é, ao bovarismo.[1]

A melhoria das condições materiais de existência, as conquistas sociais, por mais restritas que tenham sido (férias pagas, redução da jornada de trabalho), as novas necessidades e as novas formas de lazer tornam cada vez mais mais presente uma reivindicação fundamental: o desejo que cada um tem de viver a sua vida, isto é, viver seus sonhos e sonhar a vida.

Um movimento natural faz as massas ascenderem ao nível afetivo da personalidade burguesa. Suas necessidades são moldadas pelos modelos-padrão reinantes, que são os da cultura burguesa. Elas são excitadas e canalizadas pelos meios de comunicação que a burguesia controla. Dessa forma, o aburguesamento do imaginário cinematográfico corresponde ao aburguesamento da psicologia popular.

Uma vez que as necessidades de assimilação afetiva se dirigem em primeiro lugar aos heróis dos filmes, as estrelas foram o primeiro objeto dessa transformação. Certamente os heróis continuam heróis, isto é, modelos e mediadores. Mas, combinando cada vez mais intimamente, e de forma variada, o excepcional e o habitual, o ideal e o cotidiano, eles passam a oferecer a identificação de pontos de apoio mais e mais realistas.

Em 1931, James Cagney atirou uma *grapefruit* no olho de Mae Clark. Esse gesto sem nobreza iria desencadear uma multiplicação de comportamentos vulgares, seguidos de atos cômicos, expressões perplexas, inabilidades (comédias alegres). O trivial e o cômico se tornam compatíveis com a estrela. Esta já não é um ídolo de mármore. Mesmo o seu rosto passa a corresponder às normas "realistas" da maquiagem (o uso dessas aspas é necessário, porque mesmo uma maquiagem "realista" transforma a realidade do rosto). As pinturas carregadas do rosto no cinema mudo "escondiam a fisionomia sob a máscara de uma beleza fantástica... Mas o realismo do filme moderno mudou isso. A arte do maquiador consiste hoje em evitar todo artifício" (Stephen Watts, *La technique du film*, p. 83).

No seu limite, o realismo ten-

1. O autor se refere ao comportamento da personagem — título de *Madame Bovary*, de Flaubert. (N. da edição brasileira).

de pura e simplesmente a eliminar a estrela (filmes neo-realistas italianos). Mas só muito raramente esse limite é atingido, porque o filme, precisamente, se situa dentro do horizonte do imaginário burguês. O exemplo do *happy end* é significativo. O espectador que prefere as vantagens consoladoras da felicidade (predominância da identificação) às vantagens purificadoras da morte do herói (predominância da projeção) sustenta igualmente um mito latente de imortalidade — o filme termina com um beijo extático, imobilizado, como que envolto em papel celofane. Esse otimismo do *happy end* dissimula, na verdade, uma angústia em relação à morte ainda mais intensa que na fase plebéia (morte do herói). O agravamento da angústia da morte caracteriza aliás a consciência burguesa; manifesta-se, no quadro do realismo, pela evasão da realidade. Mas se essa imortalidade artificial sustenta o prestígio mítico da nova estrela, não lhe traz por outro lado nenhum privilégio em relação à estrela dos grandes tempos. Ao contrário, a antiga estrela não temia mergulhar na morte. A imortalidade é sinal de uma fragilidade nova da estrela-deusa.

De certa forma, as estrelas-deusas tendem portanto a "profanar-se", mas sem perder suas qualidades míticas elementares. Do mesmo modo e pela mesma razão, os poucos grandes arquétipos cedem lugar a uma multidão de heróis-deuses de média grandeza.

A beleza-juventude que fixava a idade ideal das grandes estrelas femininas entre 20 e 25 anos, e das masculinas entre 25 e 30, se torna mais elástica. A partir de 1930, surgem os heróis maduros do teatro burguês na França (Victor Francen, Jean Murat); e, a partir de 1940, em Hollywood, os Clark Gable, Gary Cooper, Humphrey Bogart, etc. inauguram suas carreiras de homens bem vividos. A heroína max-factorizada poderá chegar aos 40 anos. Na outra extremidade da escala surgem os adolescentes. As estrelas passam a cobrir um espectro mais amplo de gerações. Cobrem igualmente um leque fisionômico cada vez maior: belezas que fogem ao padrão, feios interessantes passam a impor seu charme particular.

Os antigos arquétipos se desfazem, cedendo lugar a múltiplos subarquétipos, mais fiéis aos tipos empíricos. Mas não desaparecem totalmente: no horizonte "realista", renasce sem cessar a virgem inocente — a Michèle Morgan de *Mulher fatal*, a Etchika Choreau de *En-*

fants de l'amour—, o herói justiceiro — o Alan Ladd de *Os brutos também amam* — e o herói trágico que morre — o Jean Gabin de *Cais das sombras*. Mas ao mesmo tempo a virgem inocente e a noivinha teimosa se transformam progressivamente na "mulher chique, na *feminine-masculine girl,* simultaneamente *sweetheart* e *buddy,* amante e companheira.

A esta decadência da virgem corresponde a decadência, muito mais acentuada, da *vamp*. Esta, semifantástica na sua frigidez destrutiva, já não pode adaptar-se ao novo clima realista sem parecer ridícula. Torna-se assim personagem secundária e cômica: a piteira longa e os olhares fatais provocam risos. As estrelas *vamp* mudam de papel: Marlene Dietrich se humaniza e coloca seu erotismo a serviço de um grande coração.

Ao mesmo tempo, o puro justiceiro assexuado do faroeste erotiza-se e admite a fraqueza amorosa. Também ele se humaniza, a seu modo. O herói acrobático torna-se esportivo. Não mais um arcanjo destruidor de demônios, mas um aventureiro vigoroso. Os ardentes Aquiles, Teseu e Hércules são de agora em diante rapazinhos robustos (James Cagney, Alan Ladd), que não conservam, a não ser no uso da pistola, sua antiga e maravilhosa infalibilidade. Todos possuem um coração aberto ao amor. Reciprocamente, os anteriormente efeminados jovens ganham em esportividade, em alegria. O herói cômico, infantil e assexuado, se torna um potencial sedutor da heroína. A virilidade é introjetada no pateta tímido.

Essas fragmentações e seus agregados tipológicos são dominados, contudo, pelo aparecimento, a partir de 1949, de dois arquétipos-síntese que tendem a renovar o brilho da estrela.

A antiga *vamp*, ao desagregar-se, libertou uma energia erótica que se distribuiu por todos os outros tipos de estrela. A mulher chique desinibida, cantora de cabaré ou bailarina de teatro de revista, já incorporava parte do *sex-appeal* da *vamp*. Paralelamente, a ex-*vamp* tornava-se, ela própria, uma mulher chique sob aparência provocante. Mas uma espécie de síntese da *vamp,* da amorosa e da virgem se processa no *glamour* para produzir a *good-bad-girl*. A *good-bad-girl* possui um *sex-appeal* igual ao da *vamp,* à medida que se apresenta como mulher impura: roupas leves, atitudes ousadas e carregadas de insinuações, subentendidos, relações suspeitas. Mas o fim do filme nos revelará que ela escondia todas as virtudes da virgem: alma pura, bondade inata, coração generoso.

Da mesma forma, o *good-bad-boy* realiza a síntese do antigo bruto bestial e do justiceiro bondoso. William Powell, Wallace Berry, Humphrey Bogart — ex-crápulas — tornam-se agora heróis viris, falíveis certamente, mas extremamente humanos. Em contrapartida, os jovens anteriormente efeminados ou tímidos adotam modos rudes. Clark Gable se torna o sarcástico Rhett Butler em... *E o vento levou;* Gary Cooper, o aventureiro insensível de *Sangue da terra;* Robert Taylor, o centurião feroz de *O manto sagrado;* mas todos conservam uma alma generosa sob a máscara cínica e brutal.

É em *O falcão maltês* (1941) que Humphrey Bogart encarna a nova síntese que o filme *noir* passará a difundir em todas as telas americanas. O filme *noir* suprime a oposição entre o gângster odioso e o policial bom e justiceiro, inaugurando um novo tipo ambíguo: o *private eye* dos romances do grande Dashiell Hammett, o fora-da-lei humano das narrativas de R. Burnett e Henderson Clarke... Metade bons, metade maus, esses *good-bad-boys* podem anular o *happy end* — exclusivo dos virtuosos — e ressuscitar aqui e ali o herói trágico das velhas mitologias (como Jack Palance em *Morrendo a cada instante,* ou Jean Servais em *Rififi*).

A nova síntese entre o bom e o mau suscita os novos grandes ídolos da tela. Ela reanima a divinização da estrela e se inscreve na grande corrente de profanação. No processo de conjugação química entre bom e mau, enquanto se cristaliza o novo complexo do bom-mau, uma imensa energia erótica se liberta e se espalha por toda a tela.

O erotismo, que é a atração sexual que se espalha por todas as partes do corpo humano — fixando-se sobretudo nos rostos, nas roupas, etc. —, é também o imaginário "mítico" que toca todo o domínio da sexualidade. As novas estrelas são totalmente erotizadas, enquanto anteriormente a virgem e o justiceiro eram de uma pureza equivalente à da Virgem Maria ou de Lohengrin,[2] e a *vamp* e o mau fixavam em si o apelo destruidor e bestial da sexualidade.

A evolução é, portanto, geral: maior erotização, humanização "realista", multiplicação e novas combinações tipológicas

2. Lohengrin era, segundo a lenda germânica, filho de Percival, o cavaleiro da Távola Redonda que vislumbrou o Santo Graal, Símbolo de heroísmo, inspirou ópera de Wagner (N. da edição brasileira).

das estrelas. É preciso contudo notar uma importante onda de retorno trazida pelo filme sonoro. Do mesmo modo que ele determina um novo realismo, suscita uma nova magia: a do canto. Por isso, vemos estrelas vocais como Bing Crosby e Luís Mariano aparecerem e se elevarem aos píncaros da bilheteria. Suas vozes xaropadas são como que equivalentes à adocicada beleza dos jovens apaixonados do cinema mudo. Heróis de filmes musicais ou de operetas, esses cantores de sortilégio despertam uma idolatria pré-adolescente e feminina que faz lembrar os grandes cultos do tempo em que o filme não tinha som.

Assinalada essa notável exceção, o *star system* parecia fixado nos seus novos quadros depois da guerra de 39-45 e talvez já desse, num certo sentido, sinais muito tênues de sufocamento. A soberania da estrela parecia marchar rumo à monarquia constitucional: a qualidade dos filmes e o nome dos diretores assumiam uma importância crescente aos olhos de um público mais diversificado: alguns filmes se davam ao luxo de dispensar as estrelas. Mas a integridade do *star system* ainda não estava em causa.

Foi nessas condições que eclodiu, em 1947,uma grave crise de freqüência nas salas de cinema dos Estados Unidos, Inglaterra, França e Benelux.

Embora não tenha provocado a crise, a concorrência da televisão serviu para agravá-la, e foi, em primeiro lugar, lutando contra a televisão que o cinema procurou um modo de superá-la, através do aumento da tela e da implantação definitiva da cor.

Mas o cinema também procura e encontra êxito no exotismo e na história. A antigüidade romana, os cavaleiros da Távola Redonda, etc. trazem consigo um prestígio mítico, mas no seio da credibilidade: a história e a geografia são duas garantias de autenticidade e, ao mesmo tempo, duas fontes maravilhosas. Não é no fantástico que o cinema se evade, mas no tempo e no espaço em *technicolor* e *cinemascope.*

Paralelamente ao exotismo e à história, a recuperação da aventura e da violência para o herói, e do erotismo para as heroínas, tem por efeito resgatar o prestígio das estrelas.

O resgate do erotismo desempenha um papel fundamental: o renascimento do *star system* é marcado pelo renascimento mamário. O "brigidismo" acentua os decotes e revela os encantos estereoscópicos de Gina, Sophia e Martine. Os filmes multiplicam os *strip-teases* das estrelas, os banhos, o despir-se, o tornar a se vestir, etc. Uma onda de inocência perversa leva ao primeiro plano as ninfetas: Audrey Hepburn, Leslie Caron, Françoise Arnoul, Marina Vlady, Brigitte Bardot.

A glória de Brigitte Bardot é ainda mais prodigiosa à medida que quase precede o lançamento de seus filmes. Apresentada no Festival de Cannes em 1954, foi logo engolida pela máquina de fazer estrelas porque apresentava uma dosagem admirável de inocência extrema e erotismo extremo; era potencialmente "a mais *sexy* das 'vedetes-bebê' e a mais bebê das vedetes *sexy*."[3]

De fato, seu rosto de gatinha remete simultaneamente à infância e à felinidade: os cabelos compridos e caindo pelas costas são o exato símbolo do nu lascivo, da nudez oferecida, mas uma franja supostamente indisciplinada na testa a faz lembrar uma colegial. O nariz pequeno e obstinado acentua ao mesmo tempo sua peraltice e sua animalidade: o lábio inferior particularmente carnudo lhe dá um jeitinho de bebê, mas é também um convite ao beijo. Uma covinha no queixo completa a peraltice encantadora desse rosto, que caluniam quando dizem que só tem uma expressão. Tem duas: a do erotismo e a da infantilidade.

O cinema soube servir-se disso exatamente como lhe convinha: uma personagem na fronteira entre infância, violação e ninfomania, com todos os papéis girando necessariamente em torno de um *strip-tease* central.

Em *A luz do desejo* é o banho, nua, no rio. Em *Meu filho Nero* (em que Brigitte Bardot é Popéia), "o seu banho em leite de mula é uma das pedras angulares do filme." Em *Desfolhando a margarida,* Agnès/B.B. participa de um concurso de *strip-tease*. Em *E Deus criou a mulher,* os *strip-teases* atingem o paroxismo e são acompanhados pelo "mambo mais sensual do ano."

Hollywood não pára por aí. Não só lança novas estrelas de rebolado insinuante e seios provocantes, mas procura uma deusa do amor (Ava Gardner), se preciso for por uma injeção de vampirismo. Marilyn Monroe, *vamp* molhada de *Tormenta de paixões,* nua sob o vestido vermelho, sexo devorador, rosto

[3] O trocadilho perde um pouco na tradução: "bebê" remete à juventude de Brigitte, mas também às iniciais de seu nome – B.B. (N. do T.)

desinibido, é quase um símbolo do novo relançamento do *star system*.

Mas sua carreira pós-*Tormenta* revela que *vamp* morta ressuscita: o vampirismo "monroeano" teria que se dissolver necessariamente na *good-bad-girl*. É por isso que, em *O rio das almas perdidas,* Marilyn Monroe se metamorfoseia em cantora de *saloon* de bom coração: desde a primeira imagem, já a vemos como um ídolo da luxúria que canta o dólar de prata com voz quente, e mãe adotiva de adolescente sem família. Marilyn (que o leitor perdoe esta familiaridade a um autor que vive os mitos que analisa) consuma a sua integração dentro das normas fundamentais da estrela. Por um lado, seus dois desempenhos em comédias ligeiras *(Como agarrar um milionário* e *O pecado mora ao lado)* a apresentam e a transformam numa mulher como todas as outras — no primeiro caso, uma jovem míope louca para casar, no segundo, uma moça do interior à procura de trabalho em Nova York. Por outro lado, lendo Dostoievski e Shakespeare, casando com Arthur Miller, Marilyn adquire os galões supremos da espíritualidade. Dessa forma, Marilyn Monroe, operando a síntese das qualidades opostas do ídolo da tela e da jovem casadoura, da ávida por amor e da boa samaritana, efetua, antes da tragédia irremediável que já a consome e consome Hollywood, a última realização grandiosa do *star system*.

Na França, o mesmo ciclo foi cumprido paralelamente por Brigitte Bardot. Depois de *E Deus criou a mulher,* opera simultaneamente o acesso à humanidade cotidiana e a ascensão à espiritualidade *(A verdade, Vida privada)*. À boneca sensual integra-se uma mulher total e superior que, do mesmo modo, constitui a imagem realizada da estrela moderna.

Assim, a época de 1950-1960 assiste simultaneamente ao declínio da freqüência do público e ao último florescimento do *star system* no cinema. Iniciando nuas suas carreiras, Marilyn Monroe e Brigitte Bardot se tornaram mulheres totais, multidimensionais; deusas da tela e moças simples resplandecendo sexo e alma. Elas se mostram desenvoltas, felizes, triunfantes tanto na vida quanto no amor. O mito da estrela da era 1930-1960 brilha nelas. Mas, paradoxalmente, são elas mesmas as portadoras do mal secreto que deslocará o mito eufórico do *star system*.

No decorrer do período 1930-1960, não é só a imagem de tela da estrela que se encontra modificada em relação à era do cinema mudo, mas também a imagem de sua vida privada-pública. A estrela se tornou efetivamente familiar (no duplo sentido do termo). Antes de 1930, ignorava o casamento burguês e só se ligava a estrelas da mesma grandeza. Posteriormente pode, sem se rebaixar, casar com atores secundários, industriais, médicos. Já não habita o simulacro de castelo feudal ou o templo pseudogrego, mas o apartamento ou a casa, por vezes no interior. Exibe com toda a simplicidade uma vida provinciana e burguesa: põe um avental florido, acende o fogão, prepara ovos com presunto. Antes de 1930, e estrela não podia engravidar; depois de 1930, pode ser mãe, e mãe exemplar.

Desde então as estrelas participam da vida cotidiana dos mortais. Não são mais astros inacessíveis, mas mediadores entre o cèu da tela e a Terra. Moças formidáveis, mulheres estrondosas, despertam um culto em que a veneração cede lugar à admiração. São menos marmóreas, porém mais ternas; menos sublimes, todavia mais amadas.

É dessa forma que a evolução que degrada a divindade da estrela estimula e multiplica os pontos de contato entre estrelas e mortais. Longe de eliminar o culto, incentiva-o. Mais presente, mais familiar, a estrela está quase à disposição de seus admiradores: daí o florescimento de fãs-clubes, revistas, fotografias, correspondência, que institucionalizam o fervor. Toda uma rede de canais conduz a partir daí a homenagem coletiva, que retorna aos fiéis na forma dos mil fetiches que eles reclamam.

E assim se consuma a segunda fase (1930-1960) de uma grande evolução. Certamente esta evolução assumiu várias formas, diferentes segundo o país que lhe serviu de cenário. Seria preciso analisar as estrelas alemãs, italianas, francesas, inglesas, americanas... Seria igualmente necessário confrontar a evolução "ocidental" e as evoluções orientais, japonesa, indiana, egípcia. Em suma, não abordamos aqui senão os dados preliminares para uma tipologia genética das estrelas.

Mas vimos que, no nível dos fenômenos coletivos, a história das estrelas retomou a seu modo a história dos deuses. Antes dos deuses, antes das estrelas, o universo mítico, a tela, estava povoado de espectros ou fantasmas portadores do estigma do duplo.

Progressivamente, algumas dessas presenças tomam corpo e substância, são magnificadas, expandem-se em deuses e deusas. E, assim como determinados deuses do panteão da Antigüidade se metamorfoseavam em deuses-heróis da salvação, as estrelas-deusas humanizam-se, tornam-se novos mediadores entre o mundo maravilhoso dos sonhos e a vida cotidiana.

À evolução dos deuses antigos corresponde uma evolução sociológica profunda. A individualidade humana afirma-se segundo um movimento do qual participa a aspiração de viver à imagem dos deuses, e de igualá-los, se possível. Os reis foram os primeiros a se situar na categoria dos deuses, isto é, a considerar a si mesmos como *homens totais*. Progressivamente, os cidadãos, depois a plebe, depois os escravos, passaram a reivindicar essa individualidade que os homens atribuíram primeiramente aos seus duplos, aos seus deuses e aos seus reis. *Ser reconhecido como homem é, antes de mais nada, ver reconhecido o direito de imitar os deuses.*

As novas estrelas "assimiláveis", as estrelas modelos-de-vida, correspondem a um apelo mais profundo das massas no sentido de uma salvação individual, e suas exigências, nesse novo estágio de individualidade, se concretizam num novo sistema de relações entre real e imaginário. Torna-se fácil compreender agora todo o sentido da lúcida afirmação de Margaret Thorp: "O desejo de restituir à Terra as estrelas é um dos movimentos essenciais de nosso tempo" (*America at the movies*, p. 54).

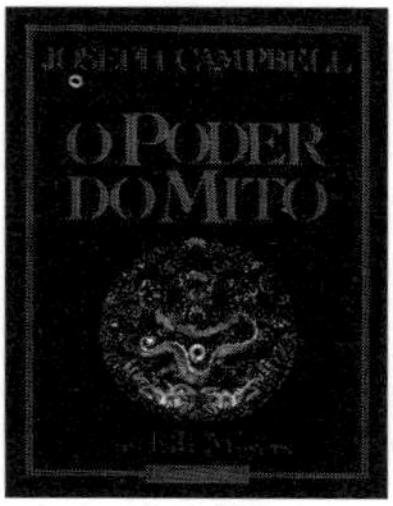

O PODER DO MITO
Joseph Campbell com
Bill Moyers
Formato: 21 x 28
250 páginas
Editora Palas Athena
Tel.: (011) 288-7356
São Paulo
1993
(Ver pág.140)

O Mito e o Mundo Moderno

JOSEPH CAMPBELL – BILL MOYERS

Nossa equipe de pesquisa, encarregada da organização e construção do volume XXIX desta coleção, intitulado o PODER DO MITO, ao coletar duas dezenas de livros sobre o assunto, deparou, de repente, com um texto invulgar de rara beleza literária e gráfica. Ao lê-lo e estudá-lo nossa respiração quase parou de emoção e encantamento literário.

Estamos falando do livro homônimo O Poder do Mito, *de Joseph Campbell com Bill Moyers, organizado por Betty Sue Flowers, tradução de Carlos Felipe Moisés e publicado pela editora Palas Athena, em 1990. Hoje,a obra se encontra em várias edições.*

Joseph Campbell (1904-1987) foi uma das maiores autoridades no campo da mitologia em nosso século. Pesquisador incansável, professor e escritor, considerava a mitologia "o canto do universo; a música da imaginação inspirada nas energias do corpo", e a ela se dedicou durante toda a sua vida.

O Poder do Mito, *de Campbell, é o fruto de um série de entrevistas mantidas entre ele e o destacado jornalista Bill Moyers, numa brilhante combinação de sabedoria e humor.*

Recomendamos e até "exigimos" — se assim se pode dizer — que o nosso leitor leia e estude o livro de Joseph Campbell e Bill Moyers. Certamente terá uma experiência literária inesquecível.

Dizem que o que todos procuramos é um sentido para a vida. Não penso que seja assim. Penso que o que estamos procurando é uma experiência de estar vivos de modo que nossas experiências de vida, no plano puramente físico, tenham ressonância no interior do nosso ser e da nossa realidade mais íntimos, de modo que realmente sintamos o enlevo de estar vivos.

Moyers: *Por que mitos? Por que deveríamos importar-nos com os mitos? O que eles têm a ver com minha vida?*

Campbell: Minha primeira resposta seria: "Vá em frente, viva a sua vida, é uma boa vida — você não precisa de mitologia." Não acredito que se possa ter interesse por um assunto só porque alguém diz que isso é importante. Acredito em ser capturado pelo assunto, de uma maneira ou de outra. Mas você poderá descobrir que, com uma introdução apropriada, o mito é capaz de capturá-lo. E então, o que ele poderá fazer por você, caso o capture de fato?

Um de nossos problemas, hoje em dia, é que não estamos familiarizados com a literatura do espírito. Estamos interessados nas notícias do dia e nos problemas do momento. Antigamente, o campus de uma universidade era uma espécie de área hermeticamente fechada, onde as notícias do dia não se chocavam com a atenção que você dedicava à vida interior, nem com a magnífica herança humana que recebemos de nossa grande tradição — Platão, Confúcio, o Buda, Goethe e outros, que falam dos valores eternos, que têm a ver com o centro de nossas vidas. Quando um dia você ficar velho e, tendo as necessidades imediatas todas atendidas, então se voltar para a vida interior, aí, bem, se você não souber onde está ou o que é esse centro, você vai sofrer.

As literaturas grega e latina e a Bíblia costumavam fazer parte da educação de toda gente. Tendo sido suprimidas, toda uma tradição de informação mitológica do Ocidente se perdeu. Muitas histórias se conservavam, de hábito, na mente das pessoas. Quando a história está em sua mente, você percebe sua relevância para com aquilo que esteja acontecendo em sua vida. Isso dá perspectiva ao que lhe está acontecendo. Com a perda disso, perdemos efetivamente algo, porque não possuímos nada semelhante para pôr no lugar. Esses bocados de informação, provenientes dos tempos antigos, que têm a ver com os temas que sempre deram sustentação à vida humana, que construíram civilizações e enformaram religiões através dos séculos, têm a ver com os profundos problemas interiores, com os profundos mistérios, com os profundos limiares da travessia, e se você não souber o que dizem os sinais ao longo do caminho, terá de produzi-los por sua conta. Mas assim que for apanhado pelo assunto, haverá um tal senso de informação, de uma ou outra dessas tradições, de uma espécie tão profunda, tão rica e vivificadora, que você não quererá abrir mão dele.

Moyers: *Quer dizer que contamos histórias para tentar entrar em acordo com o mundo, para harmonizar nossas vidas com a realidade?*

Campbell: Penso que sim. Romances — grandes romances — podem ser excepcionalmente instrutivos. Nos meus vinte e nos meus trinta, até nos meus quarenta anos, James Joyce e Thomas Mann eram meus professores. Eu lia tudo o que eles escreveram. Ambos escreveram em termos do que se poderia chamar de tradição mitológica. Tome, por exemplo, a história de Tonio, no *Tonio Kröger*, de Thomas Mann. O pai de Tonio era um sólido homem de negócios, um cidadão de relevo em sua cidade natal. O pequeno Tonio, porém, tinha um temperamento artístico, por isso mudou-se para Munique e reuniu-se a um grupo de literatos que se sentiam superiores aos meros ganhadores de dinheiro e aos homens de família.

Assim, eis aí Tonio dividido entre dois pólos: seu pai, que era um bom pai, responsável e tudo o mais, mas que nunca tinha feito o que queria, em toda a sua vida; e, por outro lado, aquele que deixa sua cidade natal e assume uma atitude crítica em relação à vida que se levava lá. Mas Tonio descobriu que de fato amava a gente de sua cidadezinha. E embora se julgasse um pouco superior a eles, em termos intelectuais, e pudesse falar deles com palavras cortantes, seu coração, apesar de tudo, estava com eles.

Mas quando partiu para viver com os boêmios, descobriu que estes tinham tal desdém pela vida que tampouco poderia viver com eles. Por isso deixou-os e escreveu uma carta a um do grupo, dizendo: "Admiro aqueles seres frios e orgulhosos que se arriscam nos caminhos da beleza elevada e diabólica e menosprezam a 'humanidade'; mas não os invejo. Pois se alguma coisa é capaz de fazer de um literato um poeta, essa coisa é o amor de minha cidade natal pelo humano, aquilo que existe e é comum. Todo calor deriva desse amor, toda doçura e todo humor. De fato, quanto a mim, creio mesmo que esse amor deve ser aquele sobre o qual está escrito que 'se pode falar com a língua dos homens e dos anjos', que no entanto soa, quando o amor falta, como metal ruidoso ou címbalo tilintante'."

Em seguida, ele diz que "o escritor deve ser verdadeiro para com a verdade." E ele é um assassino, porque a única maneira de você descrever verdadeiramente um ser humano é através de suas imperfeições. O ser humano perfeito é desinteressante — o Buda que abandona o mundo, você sabe. As imperfeições da vida é que são apreciáveis. E, quando lança o dardo de sua palavra verdadeira, o escritor fere. Mas o faz com amor. É o que Mann chamava "ironia erótica", o amor por aquilo que você está matando com sua palavra cruel, analítica.

Moyers: *Tenho muito carinho por essa imagem: o amor de minha cidade natal, o sentimento que você tem por esse lugar, não importa por quanto tempo esteve ausente, mesmo que nunca retorne. Foi lá que você descobriu as pessoas pela primeira vez. Mas por que você diz que ama as pessoas por suas imperfeições?*

Campbell: As crianças não são adoráveis porque estão caindo a todo instante e porque têm o corpo pequeno e a cabeça muito grande? Walt Disney não sabia tudo a respeito quando concebeu os sete anões? E esses divertidos cachorrinhos que as pessoas têm —- eles não são adoráveis por serem tão imperfeitos?

Moyers: *A perfeição seria algo tedioso, não seria?*

Campbell: Teria de ser. Seria desumano. O umbilical, a humanidade, aquilo que se faz humano e não sobrenatural e imortal — isso é adorável. É por essa razão que algumas pessoas têm dificuldade em amar a Deus; nele não há imperfeição alguma. Você pode sentir reverência, mas isso não é amor. É o Cristo na cruz que desperta nosso amor.

Moyers: *O que você quer dizer com isso?*

Campbell: Sofrimento. Sofrimento é imperfeição, não é?

Moyers: *A história do sofrimento humano, a luta, a vida...*

Campbell: ...e a juventude chegando ao conhecimento de si mesma, ela tem que passar por isso.

Moyers: *Através da leitura de seus livros — The Masks of*

God (As máscaras de Deus) e O herói de mil faces— vim a compreender que aquilo que os seres humanos têm em comum se revela nos mitos. Mitos são histórias de nossa busca da verdade, de sentido, de significação, através dos tempos. Todos nós precisamos contar nossa história, compreender nossa história. Todos nós precisamos compreender a morte e enfrentar a morte, e todos nós precisamos de ajuda em nossa passagem do nascimento à vida e depois à morte. Precisamos que a vida tenha significação, precisamos tocar o eterno, compreender o misterioso, descobrir o que somos.

Campbell: Dizem que o que todos procuramos é um sentido para a vida. Não penso que seja assim. Penso que o que estamos procurando é uma experiência de estar vivos, de modo que nossas experiências de vida, no plano puramente físico, tenham ressonância no interior de nosso ser e de nossa realidade mais íntimos, de modo que realmente sintamos o enlevo de estar vivos. É disso que se trata, afinal, e é o que essas pistas nos ajudam a procurar dentro de nós mesmos.

Moyers: *Mitos são pistas?*

Campbell: Mitos são pistas para as potencialidades espirituais da vida humana.

Moyers: A*quilo que somos capazes de conhecer e experimentar interiormente?*

Campbell: sim.

Moyers: *Você mudou a definição de mito, de busca de sentido para experiência de sentido.*

Campbell: Experiência de *vida.* A mente se ocupa do sentido. Qual é o sentido de uma flor? Há uma história zen sobre um sermão do Buda, em que este simplesmente colheu uma flor. Houve apenas um homem que demonstrou, pelo olhar, ter compreendido o que o Buda pretendera mostrar. Pois bem, o próprio Buda é chamado "aquele-que-assim-chegou." Não faz sentido. Qual é o sentido do universo? Qual é o sentido de uma pulga? Está exatamente ali. É isso. E o seu próprio sentido é que você está aí. Estamos tão empenhados em realizar determinados feitos, com o propósito de atingir objetivos de um outro valor, que nos esquecemos de que o valor genuíno, o prodígio de estar vivo, é o que de fato conta.

Moyers: *Como chegar a essa experiência?*

Campbell: Lendo mitos. Eles ensinam que você pode se

voltar para dentro, e você começa a captar a mensagem dos símbolos. Leia mitos de outros povos, não os da sua própria religião, porque você tenderá a interpretar sua própria religião em termos de fatos — mas lendo os mitos alheios você começa a captar a mensagem. O mito o ajuda a colocar sua mente em contato com essa experiência de estar vivo. Ele lhe diz o que a experiência é. Casamento, por exemplo. O que é o casamento? O mito lhe dirá o que é o casamento. É a reunião da díade separada. Originariamente, vocês eram um. Vocês agora são dois, no mundo, mas o casamento não é senão o reconhecimento da identidade espiritual. É diferente de um caso de amor, não tem nada a ver com isso. É outro plano mitológico de experiência. Quando pessoas se casam porque pensam que se trata de um caso amoroso duradouro, divorciam-se logo, porque todos os casos de amor terminam em decepção. Mas o matrimônio é o reconhecimento de uma identidade espiritual. Se levamos uma vida adequada, se a nossa mente manifesta as qualidades certas em relação à pessoa do sexo oposto, encontramos nossa contraparte masculina ou feminina adequada. Mas se nos deixarmos distrair por certos interesses sensuais, iremos desposar a pessoa errada. Desposando a pessoa certa, reconstruímos a imagem do Deus encarnado, e isso é que é o casamento.

Moyers *A pessoa certa? Como é que se escolhe a pessoa certa?*

Campbell: O coração lhe dirá. É preciso que seja assim.

Moyers: *O ser interior.*

Campbell: Eis o mistério.

Moyers: *Você reconhece seu outro eu.*

Campbell: Bem, não sei, mas há uma luz que cintila e algo em você lhe diz que é essa a pessoa certa.

Moyers: *Se o casamento é essa reunião do próprio com o próprio, com a base masculina ou feminina de nós mesmos, por que é assim tão precário na nossa sociedade moderna?*

Campbell: Porque não é encarado como casamento. Eu diria que se o casamento não é de magna prioridade em suas vidas, vocês não estão casados. O casamento significa os dois que são um, os dois que se tornam uma só carne. Se o casamento dura o suficiente, e se você se amolda constantemente a ele em vez de ceder a caprichos pessoais, você chega a se dar conta de que isso é verdade — os dois realmente são um.

Moyers: *Um, não apenas biologicamente, mas espiritualmente.*

Campbell: Sobretudo espiritualmente. O biológico é a distração que pode conduzi-lo à falsa identificação.

Moyers: *Então a função necessária do casamento, perpetuar a espécie, não é a primordial?*

Campbell: Não, isso na verdade é apenas o aspecto elementar do casamento. Há dois estágios completamente diferentes no casamento. Primeiro, quando os nubentes são jovens e seguem o maravilhoso impulso concedido pela natureza, da inter-relação biológica dos sexos, para produzir crianças. Mas chega um tempo em que a criança se emancipa da família e o casal é deixado para trás. Espanta-me o número de amigos que se separam aos quarenta ou aos cinqüenta anos de idade. Tinham vivido até aí uma vida perfeitamente satisfatória, juntos, com a criança, mas interpretavam essa união em termos de sua relação através da criança. Não a interpretavam em termos do próprio relacionamento pessoal, de um para com o outro.

Casamento é uma relação. Quando vocês se sacrificam no casamento, o sacrifício não é feito em nome de um ou de outro, mas em nome da unidade na relação. A imagem chinesa do Tao, com a treva e a luz interagindo, mostra a relação entre *yang* e *yin*, masculino e feminino, e é isso que vem a ser o casamento. É nisso que vocês se tornam quando se casam. Você deixa de ser aquele um, solitário; sua identidade passa a estar na relação. O casamento não é um simples caso de amor, é uma provação, e a provação é o sacrifício do ego em benefício da relação por meio da qual dois se tornam um.

Moyers: *Então o casamento é intrinsecamente incompatível com a idéia de cada um cuidar dos próprios interesses.*

Campbell: Não se trata simplesmente dos próprios interesses, como você vê. De certa maneira, sim, cada um cuida dos próprios interesses, mas acontece que esse um não é apenas você, é a díade reunida em um. Eis aí uma imagem genuinamente mitológica, significando o sacrifício de uma entidade visível em nome de um deus transcendente. Isso é algo que se torna maravilhosamente consciente no segundo estágio do matrimônio, que eu chamo de estágio alquímico — os dois vivendo a experiência de serem um. Se continuarem vivendo como viviam no primeiro estágio do casamento, eles se separarão quando as crianças os deixarem. O papai se apaixonará por alguma garotinha casadoura, cairá fora, e a mamãe se verá a sós com uma casa e um coração vazios, e terá de resolver a coisa por si mesma, com seus próprios recursos.

Moyers: *É por isso que não entendemos os dois níveis de casamento.*

Campbell: Vocês não assumem um compromisso.

Moyers: *Supostamente, sim — assumimos um compromisso para o melhor e para o pior.*

Campbell: São vestigios de um ritual.

Moyers: *E o ritual perdeu sua força. O ritual, que antes representava uma realidade profunda, virou mera formalidade. E isso é verdade nos rituais coletivos assim como nos rituais pessoais, relativos a casamento e religião.*

Campbell: Quantas pessoas, antes do casamento, recebem um adequado preparo espiritual sobre o que o casamento significa? Você pode ficar parado diante do juiz e se casar, em dez minutos. A cerimônia de casamento na Índia dura três dias. O par fica grudado.

Moyers: *Você está dizendo que o casamento não é apenas um arranjo social, mas um exercício espiritual.*

Campbell: É primordialmente um exercício espiritual, e a sociedade deveria nos ajudar a tomar consciência disso. O homem não devia estar a serviço da sociedade, esta sim é que deveria estar a serviço do homem. Quando o homem está a serviço da sociedade, você tem um Estado monstruoso, e é exatamente isso o que ameaça o mundo, neste momento.

Moyers: *O que acontece quando uma sociedade já não abriga uma mitologia poderosa?*

Campbell: Aquilo com que nos defrontamos, no presente. Se você quiser descobrir o que significa uma sociedade sem rituais, leia o *Times*, de Nova Iorque.

Moyers: *E você descobrirá...?*

Campbell: As notícias do dia, incluindo atos destrutivos e violentos praticados por jovens que não sabem como se comportar numa sociedade civilizada.

Moyers: *A sociedade não lhes forneceu rituais por meio dos quais eles se tornariam membros da tribo, da comunidade. Todas as crianças deveriam nascer duas vezes para aprender a funcionar racionalmente no mundo de hoje, deixando a infância para trás. Penso nas palavras de São Paulo, na Primeira Epístola aos Coríntios: "Quando eu era criança, falava como criança, compreendia como criança, pensava como criança; mas quando me tornei um homem, pus de lado toda criancice."*

Campbell: É exatamente isso. Eis o significado dos rituais da puberdade. Nas sociedades primitivas, dentes são arrancados, dolorosas escarificações são feitas, há circuncisões, toda sorte de coisas acontecem, para que você abdique para sempre do seu corpinho infantil e passe a ser algo inteiramente diferente.

Quando eu era criança, nós vestíamos calças curtas, você sabe, calças pelos joelhos. E chegava então o grande momento em que você vestia calças compridas. Quando é que eles vão saber que já são homens e precisam abandonar as criancices?

Moyers: *Os adolescentes que crescem nesta cidade — nas imediações da Rua 125 com a Broadway, por exemplo —, de onde é que eles tiram seus mitos, hoje?*

Campbell: Eles os fabricam por sua conta. Por isso é que temos grafite por toda a cidade. Esse adolescentes têm suas próprias gangues, suas próprias iniciações, sua própria moralidade. Estão fazendo o melhor que podem. Mas são perigosos, porque suas leis não são as mesmas da cidade. Eles não foram iniciados na nossa sociedade.

Moyers: *Rollo May diz que há tanta violência na sociedade norte-americana, hoje, porque não há mais grandes mitos para ajudar os jovens a se relacionarem com o mundo, ou a compreendê-lo, para além do meramente visível.*

Campbell: Sim, mas outra razão para este alto grau de violência é que a América não tem *ethos*[1].

Moyers: *Explique.*

Campbell: No futebol americano, por exemplo, as regras são muito rigorosas e complexas. Se você fosse à Inglaterra, por exemplo, veria que as regras do rúgbi não são assim tão rigorosas. Quando eu era estu-

---

[1] Do grego, "uso", "costume." (N. do T.)

dante, nos anos 20, havia uma dupla de jovens que formavam uma ala sensacional, especializada no passe de longa distância. Eles foram para Oxford, com uma bolsa de estudos, se inscreveram no time de rúgbi e um dia introduziram o passe dianteiro. E os jogadores ingleses disseram: "Bem, não temos regras para isso, portanto, por favor, não o façam mais. Não jogamos desse modo."

O fato é que, numa cultura que tenha se mantido homogênea por algum tempo, há uma quantidade de regras subentendidas, não escritas, pelas quais as pessoas se guiam. Há um *ethos* ali, um costume, um entendimento segundo o qual "não o fazemos dessa maneira."

Moyers: *Uma mitologia?*

Campbell: Uma mitologia não expressa, você poderia dizer. É a maneira como usamos o garfo e a faca, a maneira como lidamos com pessoas, e assim por diante. Nem tudo está escrito nos livros. Mas nos Estados Unidos encontramos pessoas com todo tipo de formação, todas juntas, convivendo, por isso a lei se tornou muito importante no país. Os legisladores e a lei são o que nos mantém unidos. Não há *ethos*. Você entende o que quero dizer?

Moyers: *Sim, É o que Tocqueville descreveu, quando chegou aqui há cento e sessenta anos, como "um tumulto anárquico."*

Campbell: O que temos hoje é um mundo desmitologizado. E, em conseqüência, meus estudantes hoje estão muito interessados em mitologia, porque os mitos lhes trazem uma mensagem. E eu posso dizer que espécie de mensagens o estudo de mitologia traz aos jovens de hoje. Sei o que esse estudo fez por mim, e sei que está fazendo alguma coisa por eles. Quando vou dar uma conferência em alguma faculdade, encontro uma sala abarrotada de estudantes que vieram ouvir o que tenho a dizer. A escola freqüentemente me destina uma sala muito pequena — menor do que deveria ser, porque eles ignoram o excitamento que o assunto provoca entre os estudantes.

Moyers: *Gostaria que me dissesse o que você acha que a mitologia, as histórias que eles vão ouvir de você podem fazer por eles.*

Campbell: São histórias sobre a sabedoria de vida, realmente são. O que estamos aprendendo em nossas escolas não é sabedoria de vida. Estamos aprendendo tecnologias, estamos acumulando informações. Há uma curiosa relutância de parte da administração universitária em indicar os valores de vida de seus assuntos. Nas nossas ciências, hoje — e isso inclui antropologia, lingüística, o estudo de religiões e assim por diante —, verifica-se uma forte tendência à especialização. E você só compreenderá essa tendência quando tiver uma idéia da quantidade de coisas que o pesquisador universitário precisa saber para se tornar um especialista competente. Para estudar o budismo, por exemplo, você precisa ser proficiente não apenas em todas as línguas européias, nas quais se dão os debates sobre orientalismo, particularmente o inglês, o francês, o alemão e o italiano, mas também em sânscrito, chinês, japonês, tibetano e várias outras línguas. Ora, isso é uma tarefa colossal. Tal especialista não tem como dedicar parte do seu tempo às relações entre os iroqueses[2] e os algonquinos[3].

A especialização tende a limitar o campo de problemas de que o especialista se ocupa. Ora, quem não é um especialista mas um generalista, como eu, vê aqui algo que aprendeu com um especialista, mais além algo que aprendeu com outro especialista — mas a nenhum deles ocorreu perguntar por que isso ocorre aqui e também ali. Com isso, o generalista — este, aliás, é um termo pejorativo no mundo acadêmico — lida com uma escala de problemas que, você poderia dizer, são mais genuinamente humanos do que especificamente culturais.

Moyers: *Aí entra o jornalista, que tem permissão para explicar coisas que não entende.*

Campbell: Não é apenas uma permissão, é algo que lhe pesa nos ombros — ele tem a obrigação de se educar em público. Bem, eu me lembro de quando era jovem, indo assistir a uma conferência de Heinrich Zimmer. Ele foi a primeira pessoa, de que tive conhecimento, a falar dos mitos em termos de mensagens válidas para a vida, e não apenas em termos de coisas interessantes, em que os investigadores gastam seu tempo. E isso confirmou em mim um sentimento que eu vinha experimentando desde a infância.

Moyers: *Você se lembra da primeira vez que se defrontou com o mito? Da primeira vez que uma história chegou, viva,*

[2] Tribo indígena norte-americana. (N. do T.)

[3] Etnia indígena da América do Norte. (N. do T.)

até você?

Campbell: Eu fui educado no catolicismo romano. Ora, uma das grandes vantagens de ser educado no catolicismo romano é que você é ensinado a encarar o mito com seriedade, a deixar que ele atue em sua vida; você é ensinado a viver em função desses motivos míticos. Fui educado em termos das relações sazonais ligadas ao ciclo de Cristo vindo ao mundo, ensinando no mundo, morrendo, ressuscitando e retornando ao Paraíso. As cerimônias ao longo do ano fixam sua consciência na substância eterna de todas essas mudanças no tempo. Pecado é simplesmente a perda de contato com essa harmonia.

E depois me apaixonei pelos índios americanos, porque Buffalo Bill costumava vir ao Madison Square Garden todos os anos, com seu maravilhoso *Wild West Show*. E eu quis saber mais sobre os índios. Meu pai e minha mãe eram muito generosos e me deram todos os livros escritos para crianças, até aquela época, sobre índios. Então comecei a ler sobre os mitos do índio americano, e não demorou muito para que encontrasse, nessas histórias, os mesmos motivos que as freiras me ensinavam na escola.

Moyers: *Criação...*

Campbell: ...criação, morte e ressurreição, ascensão aos céus, nascimentos virginais — eu não sabia de que se tratava, mas reconheci o vocabulário. Um após outro.

Moyers: *E o que aconteceu?*

Campbell: Fiquei excitado. Foi o início do meu interesse por mitologia comparada.

Moyers: *Você começou perguntando: "Por que isso é dito de certa maneira, enquanto a Bíblia o diz de outra?"*

Campbell: Não, eu só comecei a análise comparativa muitos anos mais tarde.

Moyers: *O que atraiu nas história dos índios?*

Campbell: Naqueles dias ainda havia no ar algum conhecimento sobre o índio americano. Os índios ainda estavam por perto. Mesmo agora, lidando com mitos de todas as partes do mundo, penso que as lendas e narrativas dos índios americanos são muito ricas, muito desenvolvidas.

Nessa época, meus pais tinham uma pequena propriedade no campo, onde viveram os índios delaware, que aí tinham lutado com os iroqueses. Havia um enorme veio de mineração onde podíamos escavar à procura de farpas de setas indígenas e coisas do gênero. E os próprios animais, que desempenhavam seu papel nas histórias dos índios, estavam ali no campo, ao meu redor. Foi uma magnífica introdução a essa matéria.

Moyers: *Essas histórias começaram a entrar em conflito com sua fé católica?*

Campbell: Não, não havia conflito. O conflito com minha religião veio mais tarde, em relação aos estudos científicos e coisas desse teor. Mais tarde, me interessei por hinduísmo, e ali estavam as mesmas histórias, outra vez. E no meu trabalho de licenciatura eu estava lidando com a matéria do ciclo arturiano, das novelas de cavalaria medievais, e ali estavam as mesmas histórias, outra vez. Portanto, não venha você me dizer que não são as mesmas histórias. Tenho convivido com elas toda a minha vida.

Moyers: *Elas provêm de todas as culturas, mas com temas atemporais.*

Campbell: Os temas são atemporais, e a inflexão cabe à cultura.

Moyers: *Então as histórias acolhem o mesmo tema universal mas o adaptam, com sutis diferenças, dependendo do particular enfoque de quem as está contando?*

Campbell: Oh, sim. Caso não esteja atento aos temas paralelos, você julgará que são histórias muito diferentes, mas não são.

Moyers: *Você ensinou mitologia durante trinta e oito anos no Sarah Lawrence. Como conseguiu que aquelas jovens — provenientes da classe média, com suas religiões ortodoxas — se interessassem pelos mitos?*

Campbell: Jovens em geral simplesmente se deixam arrebatar pelo assunto. A mitologia lhes ensina o que está por trás da literatura e das artes, ensina sobre a sua própria vida. É um assunto vasto, excitante, um alimento vital. A mitologia tem muito a ver com os estágios da vida, as cerimônias de iniciação, quando você passa da infância para as responsabilidades do adulto, da condição de solteiro para a de casado. Todos esses rituais são ritos mitológicos. Todos têm a ver com o novo papel que você passa a desempenhar, com o processo de atirar fora o que é velho para voltar com o novo, assumindo uma função responsável.

Quando um juiz adentra o recinto do tribunal e todos se levantam, você não está se levantando para o indivíduo, mas para a toga que ele veste e para o papel que ele vai desempenhar. O que o torna merecedor desse papel é a sua integridade como representante dos princípios que estão no papel, e não qualquer idéia preconcebida a seu respeito. Com isso, você está se erguendo diante de uma personagem mitológica. Suponho que muitos reis e rainhas sejam as pessoas mais estúpidas, absurdas e banais que você possa encontrar, gente provavelmente interessada apenas em cavalos e mulheres, você sabe. Mas você não reage diante delas como personalidades, você reage diante do papel mitológico que elas desempenham. Quando se torna juiz ou presidente dos Estados Unidos, um homem deixa de ser o que era e passa a ser o representante de uma função eterna; deve sacrificar seus desejos pessoais e até mesmo suas possibilidades de vida em nome do papel que agora desempenha.

Moyers: I*sso quer dizer que há rituais mitológicos atuando em nossa sociedade. A cerimônia de casamento é um deles. A cerimônia da posse de um presidente ou de um juiz é outro. Fale de outros rituais importantes para a sociedade, hoje.*

Campbell: Alistar-se no exército, vestir um uniforme, é outro. Você desiste de sua vida pessoal e aceita uma forma socialmente determinada de vida, a serviço da sociedade de que você é membro. Eis por que me parece obsceno julgar pessoas em termos da lei civil, por atos que elas praticaram em tempo de guerra. Elas não estavam agindo como indivíduos mas como agentes de algo acima delas, a que se haviam consagrado inteiramente. Julgá-las como se fossem seres humanos comuns é totalmente impróprio.

Moyers: *Nós vemos o que acontece quando sociedades primitivas são desmanteladas pela civilização do homem branco. Elas se partem em pedaços, se desintegram, se tornam enfermas. Não é o que vem acontecendo a nós próprios, desde que nossos mitos começaram a desaparecer?*

Campbell: É exatamente isso.

Moyers: *Não é por esse motivo que as religiões conservadoras, hoje, estão apelando para a religião dos velhos tempos?*

Campbell: Sim, e estão cometendo um erro terrível. Estão voltando a algo atrofiado, algo que não serve à vida.

Moyers: *Mas já serviu, não*

é mesmo?

Campbell: Com certeza.

Moyers: *Eu entendo a atração que isso exerce. Na juventude, eu tinha estrelas fixas. O fato de estarem sempre ali era um conforto para mim. Elas me deram um horizonte conhecido. E me disseram que lá fora havia um Pai bondoso e amável olhando por mim, pronto para me receber, atento aos meus interesses o tempo todo. Ora, Saul Bellow diz que a ciência fez uma faxina nas crenças. Mas essas coisas eram valiosas para mim. Hoje sou o que sou por causa dessas crenças. Eu me pergunto o que acontece às crianças que não têm aquelas estrelas fixas, aquele horizonte conhecido — aqueles mitos.*

Campbell: Bem, como disse antes, tudo o que você tem a fazer é ler o jornal. É uma confusão! No tocante a este nível imediato de vida e estrutura, os mitos oferecem modelos de vida. Mas os modelos têm de ser adaptados ao tempo que você está vivendo; acontece que o nosso tempo mudou tâo depressa que o que era aceitável há cinqüenta anos não o é mais, hoje. As virtudes do passado são os vícios de hoje. E muito do que se julgava serem os vícios do passado são as necessidades de hoje. A ordem moral tem de se harmonizar com as necessidades morais da vida real, no tempo, aqui e agora. Eis aí o que não estamos fazendo. A religião dos velhos tempos pertence a outra era, outras pessoas, outro sistema de valores humanos, outro universo. Voltando atrás, você abre mão de sua sincronia com a história. Nossos jovens perdem a fé nas religiões que lhes foram ensinadas, e vão para dentro de si.

Moyers: *Quase sempre com a ajuda de drogas.*

Campbell: Sim. A experiência mística mecanicamente induzida é o que temos aí. Tenho assistido a muitos congressos de psicologia que lidam com a grande questão da diferença entre a experiência mística e o colapso psicológico. A diferença é que aquele que entra em colapso imerge nas águas em que o místico nada. Você precisa estar preparado para essa experiência.

Moyers: *Você já se referiu à cultura do peyote*[4]*, que emerge e se torna dominante entre os índios como conseqüência do extermínio do búfalo e do antigo modo de vida.*

---

[4] Droga estimulante extraída do cacto. (N. do T.)

Campbell: Sim. A nossa é uma das piores histórias, no que diz respeito aos povos nativos de qualquer nação civilizada. Os índios são não-pessoas. Não são sequer computados nas estatísticas da população eleitoral dos Estados Unidos. Houve um momento, logo depois da revolução da Independência, em que bom número de índios de destaque participou efetivamente do governo e da vida americanos. George Washington dizia que os índios deveriam ser acolhidos como membros de nossa cultura. Em vez disso, eles foram transformados em vestígios do passado. No século XIX, todos os índios do sudeste foram colocados em vagões e despachados, sob guarda militar, para o que foi chamado de Território Indígena, doado aos índios em caráter perpétuo, como sua terra própria — mas alguns anos depois os brancos o tomaram de volta.

Recentemente, antropólogos estudaram um grupo de índios, na região noroeste do México, que vive a poucas milhas de uma grande área em que o *peyote* cresce espontaneamente. O *peyote* é o seu "animal", por assim dizer, pois eles o associam ao cervo. E organizam missões muito especiais para "caçar" o *peyote* e trazê-lo de volta.

Essas missões são jornadas místicas, têm todas as características da jornada mística. Primeiro há a separação da vida secular. Quem quer que se engaje na expedição precisa fazer uma completa confissão de suas faltas cometidas recentemente. Caso não o faça, a mágica não acontece. Aí tem início a jornada. Eles inclusive se expressam numa linguagem especial, uma linguagem negativa. Em vez de dizerem "sim", por exemplo, dizem "não", ou em vez de dizerem "Estamos indo", dizem "Estamos voltando." Eles estão em outro mundo.

Com isso, chegam ao limiar da aventura. Há santuários especiais que representam estágios da transformação mental, ao longo do caminho. E então vem a grande tarefa de "caçar" o *peyote*. O *peyote* é morto como se fosse um cervo. Eles se movem sorrateiramente na sua direção, desferem uma pequena seta e então executam o ritual da caça ao *peyote*.

No seu conjunto, trata-se de uma perfeita duplicação do tipo de experiência associada à jornada interior, quando você abandona o mundo exterior e adentra o reino dos seres espirituais. Eles identificam cada pequeno estágio com uma transformação espiritual. Em suma, estão num lugar sagrado.

Moyers: *Por que eles realizam isso através de um processo tão intricado?*

Campbell: Bem, isso tem a ver com o fato de que os efeitos do *peyote* não são encarados como simplesmente biológicos, mecânicos, químicos, mas também como uma transformação espiritual. Quando se submete a uma transformação espiritual, sem estar preparado para ela, você não tem meios de avaliar o que lhe acontece e o resultado são as terríveis experiências de uma viagem funesta, como era costuma dizer em relação ao LSD. Se você souber aonde está indo, a viagem não será funesta.

Moyers: *Por isso é que vem a ser uma crise psicológica imergir em águas onde...*

Campbell: ...onde você deveria saber nadar, mas não está preparado para isso. De qualquer modo, isso se aplica à vida espiritual. Passar por uma transformação da própria consciência é uma experiência terrível.

Moyers: *Você fala muito de consciência.*

Campbell: Sim.

Moyers: *O que você entende por consciência?*

Campbell: É próprio da tradição cartesiana pensar na consciência como algo inerente à cabeça, como se a cabeça fosse o órgão gerador de consciência. Não é. A cabeça é um órgão que orienta a consciência numa certa direção ou em função de determinados propósitos. Mas existe uma consciência aqui, no corpo. O mundo inteiro, vivo, é modelado pela consciência.

Acredito que consciência e energia são a mesma coisa, de algum modo. Onde você vê, de fato, energia de vida, lá está a consciência. O mundo vegetal, com certeza, é consciente. E, ao viver no campo, como aconteceu comigo quando criança, você pode ver toda uma série de consciências diferentes se relacionando consigo mesmas. Existe uma consciência vegetal, assim como existe uma consciência animal, e nós partilhamos de ambas. Quando você ingere certas comidas, a bílis sabe se existe aí algo que exija a participação dela. Esse processo todo é consciência. Tentar interpretá-lo em termos simplesmente mecânicos não funciona.

Moyers: *Como transformamos nossa consciência?*

Campbell: Depende do que você esteja disposto a pensar a esse respeito. E é para isso que serve a meditação. Tudo o que diz respeito à vida é meditação, em grande parte uma meditação não-intencional. Muitas pessoas gastam quase todo o seu tempo meditando de onde vem e para onde vai o seu dinheiro. Se você tem uma família para cuidar, preocupa-se com ela. Essas são todas preocupações muito importantes, mas, na maior parte dos casos, têm a ver apenas com as condições físicas. Como você pode transmitir uma consciência espiritual às crianças se você não a tem para você mesmo? Como chegar a isso? Os mitos servem para nos conduzir a um tipo de consciência que é espiritual.

Apenas como exemplo: eu caminho pela Rua 51 e pela Quinta Avenida, e entro na catedral de St. Patrick. Deixei para trás uma cidade muito agitada, uma das cidades economicamente mais privilegiadas do planeta. Uma vez no interior da catedral, tudo ao meu redor fala de mistérios espirituais. O mistério da cruz — o que vem a ser, afinal? Vejo os vitrais, responsáveis por uma forte atmosfera interior. Minha consciência foi levada a outro nível, a um só tempo, e eu me encontro num patamar diferente. Depois saio e eis-me outra vez de volta ao nível da rua. Ora, posso eu reter alguma coisa da consciência que tive quando me encontrava dentro da catedral? Certas preces ou meditações são concebidas para manter sua consciência naquele nível, em vez de deixá-la cair aqui, o tempo todo. E, afinal, o que você pode fazer é reconhecer que isto aqui é apenas um nível inferior ao daquela alta consciência. O mistério expresso ali está atuando no âmbito do seu dinheiro, por exemplo. Todo dinheiro é energia congelada. Creio que essa é a chave de como transformar a sua consciência.

Moyers: *Você não acha, às vezes, ao considerar essas histórias, que está mergulhando nos sonhos de outras pessoas?*

Campbell: Não dou ouvidos aos sonhos de outras pessoas.

Moyers: *Mas todos esses mitos são sonhos de outras pessoas.*

Campbell: Oh, não, não são. São os sonhos do mundo. São sonhos arquetípicos, e lidam com os magnos problemas humanos. Eu hoje sei quando chego a um desses limiares. O mito me fala a esse respeito, como reagir diante de certas crises de decepção, maravilhamento, fracasso ou sucesso. Os mitos me dizem onde estou.

Moyers: *O que acontece quando pessoas se tornam lendas? Você diria, por exemplo,* *que John Wayne se tornou um mito?*

Campbell: Quando se torna modelo para a vida dos outros, a pessoa se move para uma esfera tal que se torna passível de ser mitologizada.

Moyers: *Isso acontece com freqüência a atores de cinema, de onde tiramos muitos dos nossos modelos.*

Campbell: Lembro-me, quando eu era criança, que Douglas Fairbanks era um modelo para mim. Adolphe Menjou era um modelo para meu irmão. É claro que esses homens desempenhavam papéis de figuras míticas. Eram educadores para a vida.

Moyers: *Nenhuma personagem na história do cinema é mais cativante para mim do que Shane. Você viu Shane?*

Campbell: Não, não vi.

Moyers: *É a clássica história do estranho que chega a uma cidade, faz o bem aos outros e parte, sem esperar por uma recompensa. Por que é que os filmes nos tocam dessa maneira?*

Campbell: Existe algo mágico nos filmes. A pessoa que você vê está ao mesmo tempo em algum outro lugar. Esse é um atributo de Deus. Se um ator de cinema chega a uma casa de espetáculos, todos se viram e contemplam o ator de cinema. Ele é o verdadeiro herói do evento. Está em outro plano. É uma presença múltipla.

O que você vê na tela não é de fato ele, contudo "ele" está lá. Através de múltiplas formas, a forma das formas de que tudo isso provém está exatamente ali.

Moyers: *O cinema parece criar imagens grandiosas, enquanto a televisão cria meras celebridades. Estas não se tornam modelos na mesma proporção em que são alvo de mexericos.*

Campbell: Talvez porque vemos as personalidades da TV em casa e não num templo especial, como é a sala de exibição.

Moyers: *Vi ontem uma foto da mais recente figura cultuada por Hollywood, Rambo, o veterano do Vietnã, que retorna para resgatar prisioneiros de guerra e, através de violentos esforços de morte e destruição, consegue trazê-los de volta. Ouvi dizer que o filme faz o maior sucesso em Beirute. A foto mostra o novo boneco Rambo, que foi criado e está sendo vendido pela mesma companhia que produz as bonecas tipo Cabba-*

ge Patch[5]*. No primeiro plano, a imagem de uma suave e doce Cabbage Patch; por trás dela, a força bruta, Rambo.*

Campbell: Essas são duas figuras míticas. A imagem que agora me vem à mente é a *Minotauromaquia*, de Picasso, uma gravura que mostra um touro enorme, monstruoso, se aproximando. O filósofo, aterrorizado, está galgando uma escada para escapar. Na arena jaz um cavalo, que foi morto, e sobre o cavalo sacrificado está uma mulher-toureiro, que também foi morta. Uma única criatura olha de frente esse terrível monstro, uma garotinha com uma flor. Essas são as duas figuras que você acaba de mencionar — a simples, inocente e infantil, e a ameaça terrífica. Você tem aí o problema dos tempos modernos.

Moyers: *O poeta Yeats achava que estamos vivendo o último dos grandes ciclos cristãos. Seu poema "A segunda vinda" diz: "Girando e girando na volta que se amplia/O falcão não pode ouvir o falcoeiro;/As coisas se desmancham, o centro não pode reter;/A anarquia solta se espalha sobre o mundo,/A onda de sangue escurecido se desatou e por toda a parte/A cerimônia da inocência naufragou." Que é que você vê caindo "na direção de Belém, para nascer?"*

Campbell: Não sei o que vem por aí, não mais do que Yeats sabia, mas o final de um ciclo e início de outro é sempre um tempo de sofrimento e turbulência. A ameaça que sentimos, que todos sentem... bem, temos essa noção do Armagedon que se aproxima, não é mesmo?

Moyers: *"Eu me tornei a Morte, O Destruidor de mundos", disse Oppenheimer quando viu explodir a primeira bomba atômica. Mas você não acha que será o nosso fim, acha?*

Campbell: Não será o fim. Talvez venha a ser o fim da vida neste planeta, mas isso não é o fim do universo. É só uma explosão à-toa, comparada com todas as explosões que estão ocorrendo em todos os sóis do universo. O universo é um punhado de explosivas fornalhas atômicas, como o nosso Sol. Portanto, esta é só uma pequena imitação da coisa toda.

Moyers: *Você imagina que em alguma parte existam cria-*

[5] Bonecas de pano, multicoloridas, imitando os retalhos de que eram feitas as bonecas antigas. (N. do T.)

turas imprimindo à sua jornada transitória a espécie de significação que nossos mitos e grandes histórias imprimem?

Campbell: Não. Quando você se dá conta de que, se a temperatura subir cinqüenta graus e permanecer aí, a vida não existirá nesta terra, e se baixar, digamos, cem graus e permanecer lá, não haverá vida nesta terra; quando você se dá conta de como é delicado esse equilíbrio, como é importante a quantidade de água... bem, quando se pensa em todos os acidentes ambientais que propiciaram a vida, como é possível supor que a vida conhecida por nós exista em qualquer outra partícula do universo, não importa quantos satélites haja ao redor das estrelas?

Moyers: *Esta frágil vida sempre existe sob a provação do terror e a possibilidade de sua extinção. E a imagem da boneca de pano justaposta à de um truculento Rambo não coincide com o que sabemos da vida através da mitologia?*

Campbell: Não, não coincide.

Moyers: *Você divisa, emergindo dos modernos meios de comunicação, alguma nova metáfora para as velhas verdades universais?*

Campbell: Vejo a possibilidade de novas metáforas, mas não creio que já se tenham tornado mitológicas.

Moyers: *Na sua opinião, quais são os mitos que vão incorporar a máquina no novo mundo?*

Campbell: Bem, os automóveis adentraram a mitologia. Adentraram os sonhos. E as aeronaves estão muito a serviço da imaginação. O vôo da aeronave, por exemplo, atua na imaginação como libertação da terra. É a mesma coisa que os pássaros simbolizam, de certo modo. O pássaro é um simbolo da libertação do espírito em relação a seu aprisionamento à terra, assim como a serpente simboliza o aprisionamento à terra. A aeronave desempenha esse papel, hoje.

Moyers: *Outros símbolos?*

Campbell: Armas, sem dúvida. Todos os filmes que tenho visto no avião, em minhas viagens entre a Califórnia e o Havaí, mostram pessoas empunhando revólveres. É a Senhora Morte carregando sua arma. Diferentes instrumentos assumem o papel para o qual os instrumentos antigos já não se prestam. Mas não vejo mais nada além disso.

Moyers: Isso *quer dizer que os novos mitos estarão a serviço das velhas histórias. Quando vi "Guerra nas estrelas" lembrei a frase do apóstolo Paulo: "Eu luto contra principados e poderes." Isso se deu dois mil anos atrás. E nas cavernas de um caçador da Idade da Pedra, há cenas de lutas contra principados e poderes. Hoje, nos nossos modernos mitos tecnológicos, ainda estamos lutando.*

Campbell: O homem não deve submeter-se aos poderes de fora, mas subjugá-los. O problema é como fazê-lo.

Moyers: *Depois que meu filho mais novo tinha assistido a Guerra nas estrelas pela décima segunda ou décima terceira vez, perguntei-lhe: "Por que você repete isso tantas vezes?", e ele respondeu: "Pela mesma razão por que você passou toda a sua vida lendo o Velho Testamento." Ele estava em outro mundo mítico.*

Campbell: *Guerra nas estrelas* certamente possui uma perspectiva mitológica válida. O filme encara o Estado como uma máquina e pergunta: "A máquina vai esmagar a humanidade ou vai colocar-se a seu serviço?" A humanidade não provém da màquina mas da terra. O que vejo em *Guerra nas estrelas* é o mesmo problema que o *Fausto* nos coloca: Mefistófeles, o homem-máquina, pode nos prover de todos os meios e está igualmente apto a determinar as finalidades da vida. Mas a peculiaridade de Fausto, que o qualifica para ser salvo, é que ele busca finalidades diferentes das da máquina.

Ora, quando tira a máscara de seu pai, Luke Skywalker cancela o papel de máquina que o pai tinha desempenhado. O pai era o uniforme. Isso é poder, o papel do Estado.

Moyers: *Máquinas nos ajudam a perceber a idéia de que queremos um mundo feito à nossa imagem, queremos que ele seja o que pensamos que devia ser.*

Campbell: Sim. Mas então chega um momento em que a máquina começa a ditar ordens a você. Por exemplo, eu comprei uma dessas máquinas maravilhosas — um computador. Ora, como lido predominantemente com deuses, foi por aí que identifiquei a máquina: ela me parece um deus do Velho Testamento, com uma porção de regras e nenhuma clemência.

Moyers: *Há uma história encantadora sobre o presidente Eisenhower e os primeiros computadores...*

Campbell: ...Eisenhower entra numa sala repleta de computadores e propõe às máquinas a seguinte questão: "Existe um Deus?" Todas começam a funcionar, luzes se acendem, carretéis giram e após algum tempo uma voz diz: "*Agora* existe."

Moyers: *Mas não é possível desenvolver, em relação ao computador, a mesma atitude do líder tribal, para quem todas as coisas falam de Deus? Caso não se trate de uma revelação especial, privilegiada, Deus, em sua faina, está em toda parte, inclusive no computador.*

Campbell: Com certeza. É um milagre o que acontece naquela tela. Você já examinou por dentro uma dessas coisas?

Moyers: *Não, e não pretendo fazê-lo.*

Campbell: Não dá para acreditar. É toda uma hierarquia de anjos... todos sobre as placas. E aqueles pequenos tubos — aquilo são milagres.

Meu computador me proporcionou uma revelação sobre a mitologia. Você compra um determinado programa e ali está todo um conjunto de sinais que conduzem à realização do seu objetivo. Se você começa tateando com sinais que pertencem a outro sistema de programas, a coisa simplesmente não funciona.

É o que acontece na mitologia: ao se defrontar com uma mitologia em que a metáfora para o mistério é o pai, você terá um conjunto de sinais diferentes do que teria se a metáfora para a sabedoria e o mistério do mundo fosse a mãe. E ambas são metáforas perfeitamente adequadas. Nenhuma delas é um fato. São metáforas. É como se o universo fosse meu pai, ou como se o universo fosse minha mãe. Jesus diz: "Ninguém chega ao Pai senão através de mim." O pai de que Ele falava é o Pai bíblico. Pode ser que você somente chegue ao Pai através de Jesus. Por outro lado, suponha que você escolhesse o caminho da mãe. É simplesmente outro caminho para chegar ao mistério de sua vida. É preciso entender que cada religião é uma espécie de programa com seu conjunto próprio de sinais, que funcionam.

Se uma pessoa está realmente empenhada numa religião e realmente construindo sua vida com base nisso, é melhor ficar com o programa que tem. Mas um sujeito como eu, que gosta de lidar lucidamente com o programa... bem, eu poderei girar ao redor, mas provavelmente nunca terei uma experiência comparável com a de um santo.

Moyers: *Mas alguns dos grandes santos não se aproveitaram de todas as fontes à sua disposição? Tiraram daqui e dali e construíram um novo programa.*

Campbell: Isso é o que se chama desenvolvimento de uma religião. É como se vê na Bíblia. No início, Deus era apenas o mais poderoso entre vários deuses. Era apenas um deus tribal, circunscrito. Então, no século VI, quando os judeus estavam na Babilônia, foi introduzida a noção de um Salvador do mundo, e a divindade bíblica migrou para uma nova dimensão.

A única maneira de conservar uma velha tradição é renová-la em função das circunstâncias da época. No tempo do Velho Testamento, o mundo era um pequeno bolo de três camadas, que consistia em algumas centenas de milhas em torno dos centros do Oriente Próximo. Ninguém tinha ouvido falar dos astecas ou dos chineses. Quando o mundo se altera, a religião tem de se transformar.

Moyers: *Mas parece-me que é exatamente o que estamos fazendo.*

Campbell: Isso é, de fato, o que deveríamos fazer. Mas minha idéia do horror verdadeiro é o que se vê em Beirute. Você tem lá as três grandes religiões do Ocidente, judaísmo, cristianismo e islamismo; e como as três têm nomes diferentes para o mesmo Deus bíblico, não são capazes de conviver. Cada uma está fixada na própria metáfora e não se dá conta da sua referencialidade. Nenhuma permite que se abra o círculo ao seu redor. São círculos fechados. Cada grupo diz: "Somos os escolhidos, Deus está conosco."

Veja a Irlanda. Um grupo de protestantes foi removido para lá no século XVII, por Cromwell, e nunca se abriu para a maioria católica que ali encontrou. Católicos e protestantes representam dois sistemas sociais totalmente distintos, dois ideais diferentes.

Moyers: *Cada qual necessitando de um novo mito.*

Campbell: Cada qual necessitando de seu próprio mito, durante toda a trajetória. Ama teu inimigo. Abre-te. Não julgues. Todas as coisas têm a natureza do Buda. Está ali, no mito. Já está ali.

Moyers: *Você conta uma história sobre um selvagem nativo, que uma vez disse a um missionário: "Seu deus se mantém fechado numa casa como se fosse velho e decrépito. O nosso está na floresta, nos campos e nas montanhas, quando vem* *a chuva." E eu penso que provavelmente é verdade.*

Campbell: Sim. Sabe, esse é um problema que você encontra no Livro dos Reis e em Samuel. Os vários reis hebreus realizavam sacrifícios no topo das montanhas. Eles estavam errados, na opinião de Jeová. Na comunidade hebraica, o culto a Jeová foi um movimento específico, que finalmente prevaleceu. Foi o esforço decisivo de um certo deus da periferia do templo contra o culto da natureza, que era celebrado por toda parte.

E essa investida imperialística de um certo segmento da cultura se prolongou no Ocidente. Mas agora ela precisa abrir-se à natureza das coisas. Se for capaz de abrir-se, terá aí todas as possibilidades.

Moyers: *Não há dúvida de que nós, modernos, estamos despindo o mundo de suas revelações naturais, da própria natureza. Penso naquela lenda pigméia do menino que encontra na floresta um pássaro de belo canto e leva-o para casa.*

Campbell: Ele pede ao pai que traga alimento para o pássaro, mas este lhe diz que não pretende alimentar um simples pássaro, e mata-o. A lenda diz que o homem matou o pássaro; com o pássaro, matou a música, e com a música, matou-se a si mesmo. Caiu morto, completamente morto, e morto permaneceu para sempre.

Moyers: I*sso não é uma história sobre o que acontece quando seres humanos destroem seu ambiente? Destroem seu mundo? Destroem a natureza e as revelações da natureza?*

Campbell: Destroem sua própria natureza, também. Matam a música.

Moyers: *A mitologia não é a história dessa música?*

Campbell: A mitologia *é* a música. É a música da imaginação, inspirada nas energias do corpo. Uma vez um mestre zen parou diante de seus discípulos, prestes a proferir um sermão. No instante em que ele ia abrir a boca, um pássaro cantou. E ele disse: "O sermão já foi proferido."

Moyers: *Eu ia dizer que estamos criando novos mitos, mas você diz que não, que todos os mitos que nos cercam, hoje, têm algum ponto de origem na nossa experiência passada.*

Campbell: Os motivos básicos dos mitos são os mesmos e têm sido sempre os mesmos. A chave para encontrar a sua própria mitologia é saber a que sociedade você se filia. Toda mitologia cresceu numa certa sociedade, num campo delimitado. Então, quando as mitologias se tornam muitas, elas entram em colisão e em relação, se amalgamam, e assim surge uma outra mitologia, mais complexa.

Mas hoje em dia não há fronteiras. A única mitologia válida, hoje, é a do planeta — e nós não temos essa mitologia. Aquilo que mais se aproxima de uma mitologia planetária, pelo que sei, é o budismo, que vê todas as coisas como tendo a natureza do Buda. O único problema é chegar ao reconhecimento disso. Não há nada a fazer. A tarefa é apenas reconhecer e então agir em relação à irmandade de todas as coisas.

Moyers: *Irmandade?*

Campbell: Sim. A irmandade, hoje, em quase todos os mitos que conheço, está confinada a uma comunidade restrita. Em comunidades restritas a agressividade é projetada para fora.

Por exemplo, os Dez Mandamentos dizem: "Não matarás." Aí o capítulo seguinte diz: "Vai a Canaã e mata a todos os que encontrar." É um campo cercado. Os mitos de participação e amor dizem respeito apenas aos do grupo, os de fora são totalmente outros. Esse é o sentido da palavra "gentio" — a pessoa que não é da mesma espécie.

Moyers: *E, a menos que você adote minha indumentária, não seremos parentes.*

Campbell: Sim. Agora, o que é um mito? A definição de dicionário seria: História sobre deuses. Isso obriga a fazer a pergunta seguinte: Que é um deus? Um deus é a personificação de um poder motivador ou de um sistema de valores que funciona para a vida humana e para o universo — os poderes do seu próprio corpo e da natureza. Os mitos são metáforas da potencialidade espiritual do ser humano, e os mesmos poderes que animam nossa vida animam a vida do mundo. Mas há também mitos e deuses que têm a ver com sociedades específicas ou com as deidades tutelares da sociedade. Em outras palavras, há duas espécies totalmente diferentes de mitologia. Há a mitologia que relaciona você com sua própria natureza e com o mundo natural, de que você é parte. E há a mitologia estritamente sociológica, que liga você a uma sociedade em particular. Você não é apenas um homem natural, é membro de um grupo particular. Na história da mitologia européia é possível ver a interação desses dois sistemas. No geral, o sistema socialmente orientado é o de um povo nômade, que se move erraticamente para que você aprenda que o seu centro se localiza nesse grupo. A mitologia orientada para a natureza seria a de um povo que se dedica ao cultivo da terra.

Ora, a tradição bíblica é uma mitologia socialmente orientada. A natureza aí condenada. No século XIX, os investigadores pensaram na mitologia e no ritual como tentativas de controlar a natureza. Mas isso é magia, não mitologia ou religião. As religiões da natureza não são tentativas de controlar a natureza mas de ajudar você a colocar-se em acordo com ela. Mas quando a natureza é encarada como um mal, você não se põe em acordo com ela, mas a controla, ou tenta controlar; daí a tensão, a ansiedade, a devastação de florestas, a aniquilação de povos nativos. A ênfase nisso nos separa da natureza.

Moyers: *É por essa razão que, sem hesitação, dominamos ou subjugamos a natureza — porque entramos em litígio com ela, porque a vemos apenas como algo que pode nos servir?*

Campbell: Sim. Jamais esquecerei a experiência que tive no Japão, uma civilização que nunca ouviu falar na Queda e no Jardim do Éden. Um dos textos xintoístas diz que o processo da natureza não pode ser maléfico. Não se deve corrigir nenhum impulso natural, mas sublimá-lo, embelezá-lo. Há um interesse glorioso na beleza da natureza e na cooperação com ela, de modo que naqueles jardins você não sabe onde termina a natureza e onde a arte começa — essa é uma experiência esplendorosa.

Moyers: *Mas, Joseph, Tóquio hoje recusa esse ideal de maneira flagrante! Tóquio é uma cidade na qual a natureza praticamente desapareceu, exceto naqueles pequenos jardins confinados que ainda são cultivados por algumas pessoas.*

Campbell: Há um dito no Japão: "Balance com as ondas." Ou, como dizemos no boxe, "acompanhe os punhos." Foi somente cerca de cento e vinte e cinco anos atrás que Perry forçou sua entrada no Japão. Por aquela época, eles assimilaram uma tremenda quantidade de engenhos mecânicos. Mas o que vejo no Japão é que eles mantêm a cabeça acima disso. Quando você adentra os edifícios, então o Japão está de volta. Só o exterior é que se parece com Nova Iorque.

Moyers: *"Manter a cabeça*

acima disso." Essa é uma idéia interessante, porque embora as cidades se elevam ao seu redor, lá no íntimo da alma, lá onde o ser interior habita, as pessoas ainda se mantêm, como você diz, em acordo com a natureza.

Campbell: Mas, na Bíblia, a eternidade se retira, a natureza se corrompe, decai. No pensamento bíblico vivemos no exílio.

Moyers: *Enquanto estamos aqui sentados, conversando, acontecem histórias, umas após outras, de carros cheios de bombas, em Beirute — de muçulmanos contra cristãos, de cristãos contra muçulmanos, de cristãos contra cristãos. Ocorre-me que Marshall McLuhan estava certo quando disse que a televisão transformou o mundo numa aldeia global — mas ele não sabia que a aldeia global viria a ser Beirute. O que isso lhe diz?*

Campbell: Diz que eles não sabem como aplicar suas idéias religiosas à vida contemporânea e aos seres humanos em geral, não apenas à sua própria comunidade. É um terrível exemplo do fracasso da religião em conviver com o mundo moderno. Essas tradições estão decidindo tudo pela força. Elas se desqualificaram para o futuro.

Moyers: *De que espécie de novo mito você acha que precisamos?*

Campbell: Precisamos de mitos que identifiquem o indivíduo, não com seu grupo regional, mas com o planeta. Um modelo para isso são os Estados Unidos. Aqui havia treze pequenas nações coloniais, distintas, que decidiram agir no interesse comum, sem desconsiderar os interesses particulares de cada uma delas.

Moyers: *Há algo a respeito disso no Grande Selo dos Estados Unidos.*

Campbell: É exatamente isso o que o Grande Selo representa. Tenho sempre uma cópia do Grande Selo em meu bolso, na forma da nota de um dólar. Eis aí a declaração dos ideais que permitiram a formação dos Estados Unidos. Olhe para esta cédula de um dólar. A pirâmide tem quatro lados. São os quatro pontos cardeais. Há alguém neste ponto, alguém naquele, alguém naquele outro. Localizando-se na parte baixa da pirâmide, você estará de um lado ou de outro. Mas quando você chega ao topo, os pontos se reúnem e então o olho de Deus se abre.

Moyers: *Para eles, era o deus da razão.*

Campbell: Sim. Esta foi a primeira nação do mundo que se edificou com base na razão, não no espírito guerreiro. Esses cavalheiros eram deístas do século XVIII. Na parte de cima lemos: "Confiamos em Deus." Mas não é o Deus da Bíblia. Esses homens não acreditavam na Queda. Eles não julgavam que a mente humana estivesse dissociada de Deus. A mente humana, aliviada de preocupações secundárias e meramente temporais, reproduz, com a radiância de um espelho imaculado, o reflexo da mente racional de Deus. A razão coloca você em contato com Deus. Conseqüentemente, para aqueles homens não havia uma revelação especial em lugar algum, e nem era necessário, porque a mente do homem, livre das suas falibilidades, é suficientemente capaz de compreender Deus. Todas as pessoas do mundo, portanto, são capazes, porque são dotadas de razão.

Todos o homens são dotados de razão. Esse é o princípio fundamental da democracia. Como toda mente é capaz de adquirir um conhecimento verdadeiro, não é preciso que uma autoridade especial, ou uma revelação especial lhe diga como as coisas deveriam ser.

Moyers: *Não obstante, esses símbolos provêm da mitologia.*

Campbell: Sim, mas provêm de uma forma peculiar de mitologia. Não é a mitologia da revelação especial. Os hindus, por exemplo, não acreditam em revelação especial. Eles falam de um estado em que os ouvidos se abriram para a música do universo. Aqui, o olho se abriu para a radiância da mente de Deus. E essa é uma idéia fundamentalmente deísta. Desde que você rejeite a idéia de uma Queda do Paraíso, o homem não estará separado de sua fonte.

Voltemos ao Grande Selo. Se você contar o número de linhas dessa pirâmide, verá que são treze. Na parte de baixo, há uma inscrição em algarismos romanos. Obviamente, 1776. Aí, adicionando 1 + 7 + 7 + 6, você tem 21, que é a idade da razão, não é mesmo? Foi em 1776 que os treze Estados declararam independência. O treze é o número da transformação e do renascimento. Na Última Ceia, havia doze apóstolos e um Cristo, que iria morrer para renascer. Treze é o número necessário, no campo limitado de doze, para atingir o transcendente. Você tem os doze signos do zodíaco e o Sol. Esses homens eram muito conscientes do treze como número da ressurreição e do renascimento, da nova vida, e o manipularam o tempo todo.

Moyers: *Mas, para fins práticos, havia treze Estados.*

Campbell: Sim, mas isso não era simbólico? Não é simples coincidência. Os treze Estados, eles mesmos, simbolizando o que eram.

Moyers: *Isso explicaria a outra inscrição mais abaixo: "Novus Ordo Seclorum."*

Campbell: "Nova ordem do mundo." Esta é uma nova ordem do mundo. E a inscrição acima, "*Annuit Coeptis*", significa: "Ele sorriu às nossas realizações" ou "nossas atividades."

Moyers: *Ele...*

Campbell: ...ele, o olho, aquilo que é representado pelo olho. A razão. Em latim você não precisaria dizer "ele", poderia ser na forma neutra, ou "ela" ou "ele". Mas o poder divino sorriu aos nossos atos. E assim este novo mundo foi construído no sentido da criação original de Deus, e o reflexo da criação original de Deus, através da razão, realizou a tarefa.

Se olhar para trás da pirâmide, você verá um deserto. Para a frente, plantas crescendo. O deserto: o tumulto na Europa, guerras e guerras e guerras — livramo-nos disso e criamos um Estado em nome da razão, não em nome do poder, e o resultado é o florescimento da nova vida. Este é o sentido da parte representada pela pirâmide.

Agora observe o lado direito da cédula de um dólar. Aí está a águia, o pássaro de Zeus. A águia é a descida do deus à esfera temporal. O pássaro é o princípio encarnado da deidade. Esta é a águia do deus de cabeça branca, a águia americana. É a contraparte americana da águia do deus mais alto, Zeus.

Ela vem até nós, descendo ao mundo dos pares de opostos, o campo da ação. Uma modalidade de ação é a guerra; outra, a paz. Assim, em uma de suas garras, a águia empunha treze flechas — o princípio da guerra. Na outra, um ramo de louros, com treze folhas — o princípio do entendimento pacífico. A águia olha na direção dos louros. É desse modo que aqueles idealistas, fundadores da nossa nação, gostariam que olhássemos — boas relações diplomáticas e tudo o mais. Mas graças a Deus, a águia tem as flechas na outra garra, no caso de os louros não funcionarem.

Agora, o que representa a águia? Representa o que está indicado no signo radiante acima da sua cabeça. Certa feita, eu dava uma conferência no Instituto de Assuntos Estrangeiros, em Washington, sobre mitologia, sociologia e política hindus. Há um dito no livro hindu sobre política, segundo o qual o governante deve empunhar numa das mãos a arma da guerra, o grande bastão, e na outra o símbolo do som pacífico da música de boa vizinhança. Ali estava eu, de pé, com as mãos erguidas, e todos na sala começaram a rir. Não entendi por quê. Eles começaram a apontar com os dedos. Olhei para trás e ali estava a figura da águia, na parede, na mesma postura em que eu me encontrava. Mas, quando olhei, também notei o signo acima da sua cabeça, e notei que havia nove penas em sua cauda. Nove é o número da descida do poder divino ao mundo. Quando o Angelus soa, soa nove vezes.

Pois bem, acima da cabeça da águia há treze estrelas, dispostas na forma da estrela-de-davi.

Moyers: *Era o Selo de Salomão.*

Campbell: Sim, e você sabe por que se chama Selo de Salomão?

Moyers: *Não.*

Campbell: Salomão costumava trancar monstros, gigantes e outras coisas em jarros. Você se lembra das *Mil e uma noites*, quando eles abrem o jarro e o gênio aparece? Mas eu notei ali o Selo de Salomão, composto de treze estrelas, e então vi que cada um dos triângulos era uma *tetraktys* pitagórica.

Moyers: *E uma tetraktys vem a ser...?*

Campbell: Um triângulo composto de dez pontos, sendo um no meio e quatro de cada lado, somando nove: um, dois, três, quatro/cinco, seis, sete/oito, nove. Este é o simbolo primário da filosofia pitagórica, suscetível de várias interpretações mitológicas, cosmológicas, psicológicas e sociológicas, inter-relacionadas. Uma delas afirma que o ponto no ápice representa o centro criador a partir do qual o universo e todas as coisas surgiram.

Moyers: *O centro de energia, então?*

Campbell: Sim, o som inicial (um cristão diria: a Palavra ou o Verbo criador) a partir do qual o mundo inteiro se precipitou; a grande explosão, o despejar da energia transcendente para dentro do (e expandindo-se através do) domínio temporal. Assim que ingressa no campo do tempo, essa energia se rompe em pares de opostos, o um se torna dois. Ora, quando você tem dois, só há três maneiras de eles se relacionarem: numa, este domina aquele; noutra, aquele domina este; numa terceira, os dois estão em perfeito equilíbrio. Finalmente, é dessas três formas de ralacionamento que derivam todas as coisas nos quatro cantos do espaço.

Há um verso no *Tao Te King*, de Lao Tsé, que diz: do Tao, do transcendente, se origina o Um. Do Um se origina o Dois; do Dois, o Três; e do Três se originam todas as coisas.

Então, o que de repente descobri quando percebi que no Grande Selo dos Estados Unidos havia dois desses triângulos simbólicos, interligados, é que nós tínhamos treze pontos representando os treze Estados de origem e, além disso, não menos de seis ápices, um acima, um abaixo, e quatro, por assim dizer, orientados nas quatro direções. O significado disso, assim me pareceu, é que a palavra criadora pode ser ouvida de cima ou de baixo, ou de qualquer outro ponto cardeal, e essa é a grande tese da democracia. A democracia pressupõe que qualquer um, de qualquer parte, pode falar, e falar a verdade, porque sua mente não está separada da verdade. Tudo o que se tem a fazer é livrar-se das paixões e, então, falar.

Assim, o que você tem aqui, na cédula de um dólar, é a águia representando a imagm maravilhosa do transcendente se manifestando no mundo. É sobre isso que os Estados Unidos se fundam. Para governar adequadamente é preciso governar do ápice do triângulo, no sentido do olho do mundo, no topo.

Ora, quando eu era criança, davam-nos o discurso de despedida de George Washington e pediam-nos para resumir tudo, relacionando cada declaração com todas as outras. Assim, conservo desse texto uma lembrança muito clara. Washington disse: "Como resultado de nossa revolução, libertamo-nos de qualquer envolvimento com o caos da Europa." Sua última palavra foi no sentido de não nos engajarmos em alianças internacionais. Pois bem, mantivemo-nos fiéis a suas palavras até a Primeira Grande Guerra. E então cancelamos a Declaração da Independência e reunimo-nos à Inglaterra no propósito de conquistar o planeta. Com isso, estamos agora num dos lados da pirâmide. Movemo-nos do um para o dois. Politicamente, historicamente, somos agora membros de um dos lados de uma disputa. Não representamos aquele princípio do olho, lá em cima. E todas as nossas preocupações têm a ver com economia e política e não com a voz e o som da razão.

Moyers: *A voz da razão — é esse o caminho filosófico sugerido por aqueles símbolos mitológicos?*

Campbell: Exatamente. Você tem aqui a importante mudança que ocorreu por volta do ano 500 a.C. Esse é o tempo do Buda, de Pitágoras, de Confúcio e Lao Tsé, se é que Lao Tsé existiu. É o despertar da razão humana. A partir daí, o homem não será mais modelado nem governado por poderes animais. Não será mais guiado pela analogia com a terra semeada, pelo curso dos planetas, mas pela razão.

Moyers: *O caminho...*

Campbell: ...o caminho do homem. E, sem dúvida, o que destrói a razão é a paixão. A principal paixão em política é a ganância. Isso é que empurra você para baixo. E por isso é que estamos num dos lados e não no topo da piramide.

Moyers: *Por isso é que nossos fundadores se opuseram à intolerância religiosa.*

Campbell: Isso foi inteiramente abolido. E por isso é que eles rejeitaram, também, a idéia da Queda. Todos os homens são competentes para conhecer a mente de Deus. Não há revelação especial para qualquer povo.

Moyers: *Posso entender agora como a sua experiência de investigador e a sua profunda convivência com os símbolos mitológicos lhe permitem ler dessa maneira o Grande Selo. Mas não seria uma surpresa para a maioria desses homens — que eram deístas, como você diz — descobrirem as conotações mitológicas implicadas em seu esforço de construir uma nova nação?*

Campbell: Bem, por que eles usaram esses símbolos?

Moyers: *Muitos deles não são símbolos maçônicos?*

Campbell: São signos maçônicos, e o significado da *tetraktys* pitagórica era conhecido há séculos. A informação deve ter sido encontrada na biblioteca de Thomas Jefferson. Antes de tudo, eles eram homens de cultura. O Iluminismo do século XVIII era um mundo de cavalheiros cultos. Não temos tido muitos homens desse naipe, em política. É uma sorte tremenda para a nossa nação que aqueles homens detivessem o poder e estivessem em condições de influenciar os acontecimentos daquele tempo.

Moyers: *Como se explica a relação entre esses símbolos e a Maçonaria, e o fato de que muitos dos fundadores da pátria pertenceram à ordem maçônica? A ordem maçônica seria, de algum modo, uma expressão do pensamento mitológico?*

Campbell: Sim, eu penso que sim. Trata-se de uma tentativa erudita de reconstruir uma ordem de iniciação que resultaria em revelação espiritual. Esses fundadores, que de fato eram maçons, estudaram o que puderam da sabedoria egípcia. No Egito, a pirâmide representa a colina primordial. Após a cheia anual, quando as águas do Nilo começam a recuar, a primeira colina simboliza o renascimento do mundo. É o que este selo representa.

Moyers: *Você às vezes me confunde com uma aparente contradição no interior de seu sistema de crença. De um lado, você exalta esses homens, porque foram causa e efeito da Idade da Razão; de outro, você se regozija com Luke Skywalder, por aquele momento em "Guerra nas estrelas," em que lhe dizem: "Desligue o computador e confie em seus sentimentos." Como você concilia o papel da ciência, que é razão, com o papel da fé, que é religião?*

Campbell: Não, não, é preciso distinguir entre razão e pensar.

Moyers: *Distinguir entre razão e pensar? Ao pensar, não estou raciocinando?*

Campbell: Sim, sua razão é uma forma de pensar, mas pensar não é sempre, e necessariamente, razão. Calcular o que é preciso fazer para atravessar uma parede não é razão. O rato que, depois de pôr o focinho aqui, calcula que talvez deva circular por ali, está calculando alguma coisa do mesmo modo como nós calculamos. Mas isso não é razão. Razão tem a ver com encontrar as bases do ser e a estrutura fundamental da ordem do universo.

Moyers: *Então, quando esses homens se referiram ao olho de Deus como razão, estavam dizendo que as bases do nosso ser, enquanto sociedade, enquanto cultura, enquanto povo, derivam das características fundamentais do universo?*

Campbell: É o que diz esta primeira pirâmide. Esta é a pirâmide do mundo, esta é a pirâmide da nossa sociedade, ambas pertencem à mesma ordem. Isto é criação de Deus, e isto é a nossa sociedade.

Moyers: *Existe uma mitologia para os poderes animais.*

Existe uma mitologia para a terra semeada — fertilidade, criação, a deusa-mãe. E existe uma mitologia para as luzes celestiais, para os céus. Mas, nos tempos modernos, nós nos movemos para além dos poderes animais, para além da natureza e da terra semeada, e as estrelas já não nos interessam, exceto como curiosidades exóticas e como palco das viagens espaciais. Em que pé estamos agora, em nossa mitologia para o homem?

Campbell: Tão cedo não poderemos ter uma mitologia. As coisas estão mudando rápido demais para chegarem a ser mitologizadas.

Moyers: *Como podemos viver sem mitos, então?*

Campbell: Cada indivíduo deve encontrar um aspecto do mito que se relacione com sua própria vida. Os mitos têm basicamente quatro funções. A primeira é a função mística — e é disso que venho falando, dando conta da maravilha que é o universo, da maravilha que é você, e vivenciando o espanto diante do mistério. Os mitos abrem o mundo para a dimensão do mistério, para a consciência do mistério que subjaz a todas as formas. Se isso lhe escapar, você não terá uma mitologia. Se o mistério se manifestar através de todas as coisas, o universo se tornará, por assim dizer, uma pintura sagrada. Você está sempre se dirigindo ao mistério transcendente, através das circunstâncias da sua vida verdadeira.

A segunda é a dimensão cosmológica, a dimensão da qual a ciência se ocupa — mostrando qual é a forma do universo, mas fazendo-o de uma tal maneira que o mistério, outra vez, se manifesta. Hoje, tendemos a pensar que os cientistas detêm todas as respostas. Mas os maiores dentre eles dizem-nos: "Não, não temos todas as respostas. Podemos dizer-lhe como a coisa funciona, mas não o que é." Você risca um fósforo — o que é o fogo? Você pode falar de oxidação, mas isso não me dirá nada.

A terceira função é a sociológica — suporte e validação de determinada ordem social. E aqui os mitos variam tremendamente, de lugar para lugar. Você tem toda uma mitologia da poligamia, toda uma mitologia da monogamia. Ambas são satisfatórias. Depende de onde você estiver. Foi essa função sociológica do mito que assumiu a direção do nosso mundo — e está desatualizada.

Moyers: *Como assim?*

Campbell: Princípios éticos.

As leis da vida, como deveria ser, na sociedade ideal. Todas as páginas e páginas de Jeová sobre que roupas usar, como se comportar diante do outro, e assim por diante, no primeiro milênio antes de Cristo.

Mas existe uma quarta função do mito, aquela, segundo penso, com que todas as pessoas deviam tentar se relacionar — a função pedagógica, como viver uma vida humana sob qualquer circunstância. Os mitos podem ensinar-lhe isso.

Moyers: *Quer dizer que a velha história, conhecida há tanto tempo e transmitida através de gerações, continua vigorando, e ainda não conseguimos aprender uma nova?*

Campbell: A história que temos no Ocidente, na medida em que se baseia na Bíblia, baseia-se numa visão do universo que pertence ao primeiro milênio antes de Cristo. Não está de acordo nem com nossa concepção do universo, nem com nossa concepção da dignidade humana. Pertence inteiramente a algum outro lugar.

Hoje, temos de reaprender o antigo acordo com a sabedoria da natureza e retomar a consciência de nossa fraternidade com os animais, a água e o mar. Dizer que a divindade modela o mundo e todas as coisas é condenado como panteísmo. Mas pan*teísmo* é uma palavra enganadora. Sugere que um deus pessoal supostamente habita o mundo, mas a idéia em absoluto não é essa. A idéia é transteológica, de um mistério indefinível, inconcebível, admitido como um poder, isto é, como a fonte, o fim e o fundamento de toda vida e de todo ser.

Moyers: *Você não acha que os americanos modernos rejeitaram a antiga idéia da natureza como divindade porque isso os impediria de dominar a natureza? Como é possível derrubar árvores, rasgar a terra e desviar o curso dos rios para propriedades privadas sem matar Deus?*

Campbell: Sim, mas isso não é simplesmente uma característica dos americanos modernos, é a condenação bíblica da natureza, que eles herdaram de sua religião e trouxeram com eles, especialmente da Inglaterra. Deus está separado da natureza, e a natureza é condenada por Deus. Está tudo lá, no Gênesis: estamos destinados a ser os senhores do mundo.

Mas se você pensar em nós como vindos da terra, não como tendo sido lançados aqui, de alguma parte, verá que nós somos a terra, somos a consciência da terra. Estes são os olhos da terra, e esta é a voz da terra.

Moyers: *Os cientistas começam a falar abertamente sobre a Gaia Ciência.*

Campbell: É isso mesmo, todo o planeta como um só organismo.

Moyers: *Mãe-Terra. Será que os novos mitos brotarão dessa imagem?*

Campbell: Bem, alguma coisa, sim. Você não pode prever que mito está para surgir, assim como não pode prever o que irá sonhar esta noite. Mitos e sonhos vêm do mesmo lugar. Vêm de tomadas de consciência de uma espécie tal que precisam encontrar expressão numa forma simbólica. E o único mito de que valerá a pena cogitar, no futuro imediato, é o que fala do planeta, não da cidade, não deste ou daquele povo, mas do planeta e de todas as pessoas que estão nele. Esta é a minha idéia fundamental do mito que está por vir.

E ele lidará exatamente com aquilo com que todos os mitos têm lidado — o amadurecimento do indivíduo, da dependência à idade adulta, depois à maturidade e depois à morte; e então com a questão de como se relacionar com esta sociedade, e de como relacionar esta sociedade com o mundo da natureza e com o cosmos. É disso que os mitos têm falado, desde sempre, e é disso que o novo mito terá de falar. Mas ele falará da sociedade planetária. Enquanto isso estiver em curso, nada irá acontecer.

Moyers: *Então você sugere que daí começará o novo mito do nosso tempo?*

Campbell: Sim, essa é a base do que o mito deve ser. E já se encontra aqui: o olho da razão, não da minha nacionalidade; o olho da razão, não da minha comunidade religiosa; o olho da razão, não da minha comunidade lingüística. Você percebe? E esta será a filosofia do planeta, não deste ou daquele grupo.

Quando a Terra é avistada da Lua, não são visíveis, nela, as divisões em nações ou Estados. Isso pode ser, de fato, o símbolo da mitologia futura. Essa é a nação que iremos celebrar, essas são as pessoas às quais nos uniremos.

Moyers: *Para mim, nos exemplos que você coletou, ninguém incorpora essa ética melhor do que o Chefe Seattle.*

Campbell: O Chefe Seattle deu um dos últimos testemunhos orais da ordem moral paleolítica. Por volta de 1852, o governo dos Estados Unidos fez um inquérito sobre a aquisição de terras tribais para os imigrantes que chegavam ao país, e o Chefe Seattle escreveu em resposta uma carta maravilhosa. Essa carta expressa, na verdade, toda a moral da nossa conversa.

"O Presidente, em Washington, informa que deseja comprar nossa terra. Mas como é possível comprar ou vender o céu, ou a terra? A idéia nos é estranha. Se não possuímos o frescor do ar e a vivacidade da água, como vocês poderão comprá-los?

Cada parte desta terra é sagrada para meu povo. Cada arbusto brilhante do pinheiro, cada porção de praia, cada bruma na floresta escura, cada campina, cada inseto que zune. Todos são sagrados na memória e na experiência do meu povo.

Conhecemos a seiva que circula nas árvores, como conhecemos o sangue que circula em nossas veias. Somos parte da terra, e ela é parte de nós. As flores perfumadas são nossas irmãs. O urso, o gamo e a grande águia são nossos irmãos. O topo das montanhas, o húmus das campinas, o calor do corpo do pônei, e o homem, pertencem todos à mesma família.

A água brilhante que se move nos rios e riachos não é apenas água, mas o sangue de nossos ancestrais. Se lhes vendermos nossa terra, vocês deverão lembrar-se de que ela é sagrada. Cada reflexo espectral nas claras águas dos lagos fala de eventos e memórias na vida do meu povo. O murmúrio da água é a voz do pai do meu pai.

Os rios são nossos irmãos. Eles saciam nossa sede, conduzem nossas canoas e alimentam nossos filhos. Assim, é preciso dedicar aos rios a mesma bondade que se dedicaria a um irmão.

Se lhes vendermos nossa terra, lembrem-se de que o ar é precioso para nós, o ar partilha seu espírito com toda a vida que ampara. O vento, que deu ao nosso avô seu primeiro alento, também recebe seu último suspiro. O vento também dá às nosss crianças o espírito da vida. Assim, se lhes vendermos nossa terra, vocês deverão mantê-la à parte e sagrada, como um lugar onde o homem possa ir apreciar o vento, adocicado pelas flores da campina.

Ensinarão vocês às suas crianças o que ensinamos às nossas? Que a terra é nossa mãe? O que acontece à terra acontece a todos os filhos da terra.

O que sabemos é isto: a terra não pertence ao homem, o homem pertence à terra. Todas as coisas estão ligadas, assim como o sangue nos une a todos. O homem não teceu a rede da vida, é apenas um dos fios dela. O que quer que ele faça à rede, fará a si mesmo.

Uma coisa sabemos: o nosso Deus é também o seu Deus. A terra é preciosa para Ele e magoá-la é acumular contrariedades sobre o seu Criador.

O destino de vocês é um mistério para nós. O que acontecerá quando os búfalos forem todos sacrificados? Os cavalos selvagens, todos domados? O que acontecerá quando os cantos secretos da floresta forem ocupados pelo odor de muitos homens, e a vista dos montes floridos for bloqueada pelos fios que falam? Onde estarão as matas? Sumiram! Onde estará a águia? Desapareceu! E o que será dizer adeus ao pônei arisco e à caça? Será o fim da vida e o início da sobrevivência.

Quando o último pele-vermelha desaparecer junto com sua vastidão selvagem, e a sua memória for apenas a sombra de uma nuvem se movendo sobre a planície... estas praias e estas florestas ainda estarão aí? Alguma coisa do espírito do meu povo ainda restará?

Amamos esta terra como o recém-nascido ama as batidas do coração da mãe. Assim, se lhes vendermos nossa terra, amem-na como a temos amado. Cuidem dela como temos cuidado. Gravem em suas mentes a memória da terra tal como estiver quando a receberem. Preservem a terra para todas as crianças e amem-na, como Deus nos ama a todos.

Assim como somos parte da terra, vocês também são parte da terra. Esta terra é preciosa para nós, também é preciosa para vocês. Uma coisa sabemos: existe apenas um Deus. Nenhum homem, vermelho ou branco, pode viver à parte. Afinal, somos irmãos."

O RAMO DE OURO
Sir James George Frazer
Formato: 19 x 25
258 páginas
Editora Zahar
Caixa Postal 207
Rio de Janeiro
1982
(Ver pág. 142)

O Mito de Adônis

SIR JAMES GEORGE FRAZER

No capítulo deus que morre, Frazer trata da mortalidade dos seres humanos que, como o rei do bosque, personificavam um deus — no seu caos, Júpiter, o deus do carvalho. Passa a examinar, agora, a morte dos próprios deuses que, graças ao seu papel de divindades da vegetação, também estão sujeitos a esse humaníssimo destino. A história é contada através do mito e do culto de Adônis, deus do Mediterrâneo antigo, cuja morte e ressurreição anuais estavam particularmente associadas à morte da natureza no outono e ao seu renascimento da primavera. A ligação entre Adônis e o rei do bosque está no fato de que ambos tinham de morrer para preservar o poder de reprodução da natureza. Mas uma outra ligação entre eles está em que, embora fossem ambos mortais, eram parceiros de deusas imortais. Essa associação é fundamental porque, pela imitação, o intercurso dos sexos assegura a fertilidade da natureza. E a deusa que chora a morte de seu amante e se regozija com seu nascimento na primavera espelha a ordem das estações.

O espetáculo das grandes mudanças por que passa anualmente a face da terra impressionou profundamente a mente dos homens, em todos os tempos, e os levou a meditar sobre as causas de tão vastas e maravilhosas transformações. Sua curiosidade não era totalmente desinteressada, pois nem mesmo o selvagem pode deixar de perceber quão íntima é a relação de sua própria vida com a vida da natureza, e como os mesmos processos que congelam o regato e despem a terra da vegetação ameaçam-no de extinção. Num certo estágio de seu desenvolvimento, os homens parecem ter imaginado que estavam em suas mãos os meios de evitar a calamidade potencial e que podiam apressar ou retardar a marcha das estações pela arte da magia. Assim sendo, realizaram cerimônias e recitaram fórmulas mágicas para fazer a chuva cair, o sol brilhar, os animais se multiplicarem e os frutos da terra crescerem. No curso do tempo, o lento progresso do conhecimento, que dissipou tantas ilusões queridas, convenceu pelo menos a parte mais pensante da humanidade de que a alternação entre verão e inverno, primavera e outono, não era mero resultado de seus próprios ritos mágicos, mas que alguma causa mais profunda, algum poder maior operava por trás das modificações de cenário da natureza. Os homens passaram então a considerar o crescimento e a decadência da vegetação, o nascimento e a morte das criaturas vivas como efeitos do aumento ou da redução da força dos seres divinos, de deuses e deusas que nasciam e morriam, que se casavam e tinham filhos, de acordo com a configuração da vida humana.

Assim, a velha teoria mágica das estações foi substituída, ou antes, complementada, por uma teoria religiosa. Embora os homens passassem a atribuir o ciclo anual de mudanças principalmente a modificações correspondentes em suas divindades, ainda achavam que, pela observação de certos ritos mágicos, podiam ajudar o deus, que era o princípio da vida, na sua luta com o princípio contrário, da morte. Imaginaram que podiam fortalecer as suas energias decadentes e mesmo trazê-lo de volta do reino dos mortos. As cerimônias que realizavam com esse objetivo eram, em substância, uma representação dramática dos processos naturais que desejavam favorecer; é um princípio conhecido da magia que se pode produzir os efeitos desejados simplesmente pela sua imitação. E como tinham passado a explicar as flutuações do crescimento e da decadência, da reprodução e da dissolução, pelo casamento, morte e renascimento ou ressurreição dos deuses, seus dramas religiosos, ou antes, mágicos, giravam em grande medida sobre esses motivos. Mostravam a frutífera união das forças da fertilidade, a triste morte de pelo menos um dos divinos consortes e sua ressurreição cheia de alegria. Assim, a teoria religiosa fundiu-se com a prática mágica. Tal combinação é bastante comum na história. Na verdade, poucas religiões conseguiram desprender-se totalmente das velhas malhas da magia. A incoerência de agir segundo dois princípios contrários, por mais que possa ter perturbado a alma do filósofo, raramente preocupa o homem comum; na realidade, quase nunca ele chega a ter consciência disso. Seu problema é agir e não analisar os motivos da ação. Se o gênero humano tivesse sido sempre lógico e sábio, a história não seria uma longa crônica de loucuras e crimes.

Das mudanças que as estações provocam, as mais notáveis na zona temperada são as que afetam a vegetação. Embora grande, a influência das estações sobre os animais não é nem de longe tão manifesta. É natural, portanto, que nos dramas mágicos destinados a banir o inverno e a trazer de volta a primavera, a ênfase recaísse na vegetação, e que árvores e plantas tivessem neles maior destaque do que os animais e as aves. Não obstante, os dois lados da vida, o vegetal e o animal, não estavam dissociados na mente daqueles que realizavam as cerimônias. Na verdade, eles acreditavam habitualmente que o laço entre o mundo vegetal e o mundo animal era ainda mais forte do que realmente é — por isso, combinavam com freqüência a representação dramática do renascimento das plantas a uma união, dramatizada ou real, dos sexos, com o objetivo de estimular ao mesmo tempo e pelo mesmo ato a multiplicação dos frutos, dos animais e dos homens. Para eles, o princípio da vida e da fertilidade, quer fosse animal ou vegetal, era uno e indivisível. Viver e fazer viver, comer e gerar, eram essas as necessidades primárias dos homens do passado, que continuarão sendo as necessidades primárias dos homens no futuro, enquanto o mundo for mundo. Outras coisas podem enriquecer e embelezar a vida humana, mas se tais necessidades não forem satisfeitas em primeiro lugar, a própria humanidade deixará de existir. Essas duas coisas, portanto, alimento e filhos, eram as que os homens fundamentalmente procuravam obter com a realização de ritos mágicos para regular as estações.

Ao que tudo indica, em nenhum outro lugar esses ritos foram celebrados de forma mais generalizada e mais solene do que nas terras que margeiam o Mediterrâneo oriental. Sob os nomes de Osíris, Tamuz, Adônis e Atis, os povos do Egito e da Asia ocidental representavam a decadência e o renascimento anuais da vida, especialmente da vida vegetal, que personificavam como um deus que morria e voltava novamente à vida. Em nome e em detalhes, os ritos variavam de lugar para lugar; em substância, eram os mesmos. A suposta morte e a suposta ressurreição dessa divindade oriental, um deus de muitos nomes mas de natureza essencialmente una, é o tema da presente pesquisa. Tomaremos como nosso exemplo desses cultos o de Tamuz ou Adônis.

O culto de Adônis era praticado pelos povos semitas da Babilônia e da Síria, e os gregos deles o tomaram já no século VII a.C. O verdadeiro nome do deus era Tamuz: o nome de Adônis é meramente o *adon* semita, "senhor", título de honra pelo qual os seus adoradores a ele se dirigiam. No texto hebraico do Velho Testamento, o mesmo nome de Adonai, talvez originalmente *adoni*, "meu senhor", é aplicado muitas vezes a Jeová. Mas os gregos, compreendendo-o mal, transformaram o título de honra num nome próprio. Embora Tamuz ou seu equivalente Adônis desfrutassem de uma ampla e duradoura popularidade entre os povos semitas, há motivos para se acreditar que seu culto teve origem numa raça de sangue mais antigo e de outra língua, os sumérios, que no alvorecer da história habitaram a baixa planície aluvial no fundo do Golfo Pérsico e criaram a civilização que foi posteriormente chamada de babilônica.

Na literatura religiosa da Babilônia, Tamuz surge como o jovem esposo ou amante de Istar, a grande deusa-mãe, a personificação das energias reprodutivas da natureza. As referências a essa ligação entre ambos no mito e no ritual são fragmentadas e obscuras, mas percebemos por elas a crença de que Tamuz morria anualmente, passando da alegre terra para o sombrio mundo subterrâneo, e que todos os anos sua amante divina viajava, em busca dele, "para a terra de onde não há retorno, para a mansão das trevas, onde o pó se acumula na porta e no ferrolho." Durante sua ausência, a paixão do amor deixava de atuar; homens e animais esqueciam de reproduzir-se, toda a vida ficava ameaçada de extinção. Tão intimamente ligadas à deusa estavam as funções sexuais de todo o reino animal que, sem a sua presença, elas não podiam ser realizadas. Um mensageiro do grande deus Ea era, por isso, enviado para resgatar a deusa de quem tanta coisa dependia. A inflexível rainha das regiões infernais, Alatu ou Eresh-Kigal, permitia, não sem relutância, que Istar fosse aspergida com a água da vida e partisse, provavelmente em companhia de seu amante Tamuz, para o mundo superior e que, com esse retorno, toda a natureza revivesse.

Lamentações sobre a partida de Tamuz encontram-se em vários hinos babilônicos, que o compararam às plantas que murcham rapidamente. Ele é "A tamarga que, no pomar, água não bebeu, cuja copa nos campos não deitou flores, o salgueiro que, à margem do regato, não se regozija e cujas raízes foram arrancadas, a erva que no jardim água não bebeu."

Sua morte parece ter sido chorada anualmente ao som da música das flautas, por homens e mulheres, no solstício do verão, no mês de Tamuz, assim chamado em sua honra. As nênias eram, ao que se supõe, cantadas junto a uma efígie do deus morto, lavada com água pura, ungida com óleo e vestida de vermelho, enquanto a fumaça do incenso se elevava no ar como que para estimular os sentidos adormecidos do deus com seu odor pungente, e despertá-lo do sono da morte. Numa dessas nênias, chamada *Lamento das flautas para Tamuz*, ainda parecemos ouvir as vozes dos cantores repetindo o melancólico refrão, e perceber, como uma música ao longe, as notas queixosas das flautas:

"Quando ele se vai, ela grita um lamento.

'Ó meu filho!' — quando ele se vai, ela grita um lamento.

'Meu Damu!' — quando ele se vai, ela grita um lamento.

'Meu mago e meu preste!' — quando ele se vai, ela grita um lamento.

Junto ao cedro brilhante, enraizado em amplo lugar,

Em Eana, no alto e embaixo, ela grita um lamento.

Como o lamento da casa pelo seu senhor, ela grita um lamento.

Como o lamento da cidade pelo seu amo, ela grita um lamento.

Seu lamento é o lamento pela erva que não cresce no canteiro, seu lamento é o lamento pelo grão que não cresce na espiga.

Sua câmara é uma posse que não traz novas posses,

Mulher fatigada, criança cansada, esgotada.

É o lamento pelo grande rio onde árvore não cresce.

É o lamento pelo campo onde não cresceram o trigo e as ervas.

É o lamento pelo lago onde não vivem peixes.

É o lamento pelo juncal onde juncos não nascem.

É o lamento pelo bosque onde a tamarga não vinga.

É o lamento pela mata onde nenhum cipreste brota.

É o lamento pelo jardim onde não há mel nem vinhas.

É o lamento pelos prados despidos de plantas.

É o lamento pelo palácio em que não há vida."

A história trágica e os melancólicos ritos de Adônis são mais bem conhecidos pelas descrições dos autores gregos do que pelos fragmentos da literatura babilônica ou pelas breves referências do profeta Ezequiel, que viu as mulheres de Jerusalém chorarem por Tamuz no portão norte do templo. Refletida no espelho da mitologia grega, a divindade oriental surge como um belo jovem amado de Afrodite. Em sua infância, a deusa o ocultou numa arca, que confiou a Perséfone, rainha dos infernos. Mas, quando Perséfone abriu a arca e viu a beleza da criança, recusou-se a devolvê-la a Afrodite, embora a deusa do amor tivesse ido, ela própria, ao inferno para resgatar seu amado do poder do túmulo. A disputa entre as deusas do amor e da morte foi resolvida por Zeus, que determinou que Adônis devia viver parte do ano com Perséfone no mundo inferior, e com Afrodite, no mundo superior ou na terra, durante a outra parte. Finalmente, o jovem foi morto numa caçada por um javali, ou pelo ciumento Ares, que se teria transformado em javali para provocar a morte de seu rival. Amargamente chorou Afrodite o seu amado e perdido Adônis. Nessa versão do mito, a luta entre Afrodite e Perséfone pela posse de Adônis reflete claramente a luta entre Istar e Alatu na terra dos mortos, ao passo que a decisão de Zeus, de que Adônis devia passar parte do ano no mundo inferior e parte no mundo superior, é apenas uma versão grega do desaparecimento e reaparecimento anual de Tamuz.

Adônis na Síria

O mito de Adônis localizava-se, e seus ritos eram celebrados com grande solenidade, em Biblos, no litoral da Síria, e em

Paros, na Ilha de Chipre. Ambas as cidades eram grandes centros do culto de Afrodite, ou melhor, de sua equivalente semita, Astarte; e de ambas, se aceitarmos as lendas, Ciniras, pai de Adônis, era rei. Das duas cidades, Biblos era a mais antiga; nos tempos históricos, era considerada como lugar santo, a capital religiosa do país, a Meca ou a Jerusalém dos fenícios. Desde os primeiros até os últimos tempos, a cidade parece ter sido governada por reis, assistidos talvez por um senado ou um conselho de anciãos. Os nomes desses reis sugerem que pretendiam uma afinidade com seu deus Baal ou Moloch, pois Moloch é apenas uma corruptela de *melech*, isto é, "rei". De qualquer modo, essa pretensão parece ter sido a de muitos outros reis semitas. Os primeiros monarcas da Babilônia, por exemplo, eram cultuados como deuses em vida. Da mesma forma, os reis de Biblos podem ter adotado o título de Adônis, que era simplesmente o divino Adon, ou "senhor" da cidade, título que pouco difere, em sentido, de Baal ("dono") e Melech ("rei"). Alguns dos antigos reis cananeus de Jerusalém parecem ter desempenhado o papel de Adônis durante suas vidas, a julgar pelos seus nomes, Adoni-bezek e Adoni-zedek, que são títulos mais divinos do que humanos. Não nos devemos surpreender, portanto, com o fato de que, em épocas posteriores, as mulheres de Jerusalém chorassem Tamuz, isto é, Adônis, na porta norte do templo.

Mas se Jerusalém foi, desde os tempos mais remotos, sede de uma dinastia de potentados espirituais ou grão-lamas, que tinham nas mãos as chaves dos céus e eram reverenciados em toda parte como reis e deuses na mesma pessoa, podemos compreender facilmente por que o arrivista Davi a escolheu para a capital do novo reino que conquistara por si mesmo com a espada. A posição central e a força natural de uma fortaleza invicta não teriam de ser, necessariamente, a única ou a principal das razões que levaram um monarca tão político a transferir seu trono de Hebron para Jerusalém. Colocando-se como herdeiro dos antigos reis da cidade, ele poderia ter razoáveis esperanças de herdar sua reputação espiritual juntamente com seus amplos territórios, de usar tanto a aura quanto a sua coroa. A história dos reis hebreus apresenta certos aspectos que podem, talvez sem exagero, ser interpretados como vestígios ou resquícios de uma época em que eles, ou seus predecessores, desempenhavam o papel de divindade, particularmente de Adônis, o senhor divino da terra. Mas sejam identificados ou não com Adônis, os reis hebreus certamente parecem ter sido considerados como divinos, num certo sentido, como representações e, até certo ponto, personificações de Jeová na terra. O trono do rei era chamado de trono de Jeová; a aplicação do óleo sagrado sobre sua cabeça transmitia-lhe, ao que se acreditava, diretamente uma parte do espírito divino. Em conseqüência, surgiu o título de messias que, como o seu equivalente grego, Cristo, significa apenas "o ungido". Assim, quando Davi cortou a barra da roupa de Saul, nas trevas da caverna onde se escondia, seu coração o afligiu por ter posto as mãos sacrílegas em *Adoni messias Jeová*, "meu senhor, o ungido de Jeová."

O costume de ungir o rei era observado também em várias regiões da Polinésia. Assim, em Samoa, os "reis, nos tempos antigos, eram publicamente proclamados e reconhecidos pela unção na presença de uma grande assembléia de chefes e do povo. Uma pedra sagrada era consagrada como trono, ou melhor, escabelo *(scabellum)*, sobre a qual ficava o rei, enquanto um sacerdote, que devia ser também um chefe, concitava os deuses a contemplar e a abençoar o rei e pronunciava denúncias contra aqueles que lhe recusavam obediência. Derramava então óleo perfumado sobre a cabeça, ombros e corpo do rei, proclamando os seus vários títulos e honras."

Como outros governantes divinos ou semidivinos, os reis hebreus eram, ao que tudo indica, considerados como responsáveis pela peste e pela escassez. Quando esta, ocasionada talvez pela ausência das chuvas de inverno, assolou a terra por três anos, o Rei Davi consultou um oráculo que, discretamente, atribuiu a responsabilidade não a ele, mas ao seu antecessor Saul. O rei morto estava, na verdade, fora do alcance da punição, mas seus filhos, não. Por isso Davi mandou procurar sete deles e enforcá-los na presença do senhor quando do início da colheita da cevada na primavera; e durante todo o longo verão a mãe de dois dos mortos ficou sentada sob a árvore do enforcamento, afugentando os chacais durante a noite e os abutres durante o dia, até que, no outono, chegou finalmente a chuva bendita para molhar seus corpos pendentes e fertilizar a terra estéril mais uma vez. Então os ossos dos mortos foram arriados da forca e enterrados no sepulcro de seus antepassados.

Nos dias da monarquia hebraica atribuíam-se ao rei, ao que parece, o poder de curar e o poder de fazer adoecer. Assim, o rei da Síria mandou um leproso ao rei de Israel para ser curado por ele, tal como os escrofulosos acreditavam poder ser curados pelo toque de um rei francês ou inglês. Mas o monarca hebreu, com mais bom senso do que o revelado pelos seus reais irmãos nos tempos modernos, confessou-se incapaz de operar tais milagres. "Serei Deus", perguntou ele, "capaz de dar a vida e a morte, para que esse homem me mande um doente para curar da lepra?".

A essa teoria da santidade, ou antes, da divindade dos reis hebreus, pode-se objetar que poucos vestígios dela restam nos livros históricos da Bíblia. Mas a força dessa objeção se perde se examinarmos a época e as circunstâncias em que esses livros receberam a sua forma final. Os grandes profetas dos séculos VIII e VII a.C. haviam realizado, com as idéias espirituais e o fervor ético de seus ensinamentos, uma reforma religiosa e moral talvez sem paralelo na história. Sob a sua influência, um austero monoteísmo substituiu o velho culto sensual das forças naturais: um rígido espírito puritano, um rigor inflexível de espírito sucederam à velha e flexível têmpera e à sua complacência fácil para com as fraquezas, sua impressionabilidade moldável como a cera, sua inclinação aos pecados da carne. E as lições morais que os profetas inculcaram eram reforçadas pelos acontecimentos políticos da época, acima de tudo pela crescente pressão do grande império assírio sobre os pequenos Estados da Palestina.

Foi nesse período de preocupação nacional e de desespero que as duas grandes reformas da religião de Israel se realizaram; a primeira, promovida pelo rei Ezequias, e a segunda, um século depois, pelo Rei Josias. Não nos devemos surpreender, portanto, com o fato de que os reformadores que, naquela época e em épocas subseqüentes compuseram ou revisaram os anais de sua nação, tivessem visto o velho paganismo não-reformado de seus antepassados com o mesmo amargor com que os fanáticos da Commonwealth viam os passatempos, muito mais inocentes, da chamada Merry England; e que, em seu zelo pela glória de Deus, tivessem apagado muitas páginas da história para que não perpetuassem a memória de práticas que consideravam responsáveis pelas calamidades que assolavam o seu país.

Mas, se os reis semitas em geral, e os reis de Biblos em particular, adotavam com freqüência o título de Baal ou de Adônis, segue-se que se podem ter consorciado com a deusa, a Baalath ou Astarte da cidade. Conhecemos, certamente, deuses de Tiro e de Sidon que eram sacerdotes de Astarte. Ora, para os semitas agrícolas, Baal, ou o deus de uma terra, era o responsável por toda a sua fertilidade; era ele quem produzia o cereal, o vinho, os figos, o óleo e o linho, pelo aumento das águas que, nas partes áridas do mundo semita, são mais freqüentemente as fontes, os regatos e os rios subterrâneos do que as chuvas dos céus. "Baal era concebido como o princípio masculino da reprodução, o esposo da terra, que ele fertilizava." Na medida, portanto, em que o semita personificava as energias reprodutivas da natureza como masculinas e femininas, como Baal e Baalath, parece ter identificado o poder masculino especialmente com a água e o feminino especialmente com a terra. Assim sendo, as plantas e as árvores, os animais e os homens são os rebentos ou filhos de Baal e Baalath.

Se, então, em Biblos e em outros lugares, o rei semita podia, ou antes, tinha de personificar o deus e desposar a deusa, a intenção desse costume só pode ter sido a de assegurar a fertilidade da terra e a multiplicação dos homens e dos animais por meio da magia homeopática. Há razões para se acreditar que um costume semelhante era observado, por motivos semelhantes, em outras partes do mundo antigo, e particularmente em Nemi, onde tanto a força masculina como a feminina, Dianus e Diana eram, sob um dos aspectos de sua natureza, personificações das águas vivificadoras.

O povo de Biblos raspava a cabeça em seu luto anual por Adônis. As mulheres que se recusavam a sacrificar os cabelos tinham de se entregar aos estrangeiros em certo dia de festa, e o dinheiro que assim ganhavam era dedicado à deusa. Esse costume pode ter sido uma forma moderada de uma velha norma que, tanto em Biblos como em outros lugares, obrigava antigamente as mulheres, sem exceção, a sacrificar sua virtude a serviço da religião. Sabemos que, na Lídia, todas as moças eram obrigadas a se prostituir para ganhar um dote, mas podemos suspeitar que o motivo real do costume fosse antes a devoção do que a economia. A suspeita é confirmada por uma inscrição grega encontrada em Trales, na Lídia, que prova ter a prática da prostituição religiosa sobrevivido naquele país até o século II de nossa era. A inscrição conta que uma certa mulher, Aurélia Emília, servira ao deus na qualidade de prostituta, por sua ordem expressa, como também sua mãe e outras mulheres da família antes dela o haviam feito; a publicidade desse registro, feito numa coluna de mármore que sustentava uma oferenda votiva, mostra que nenhuma mácula resultava dessa vida e desse parentesco. Na Armênia, as famílias mais nobres dedicavam suas filhas ao serviço da deusa Anait em seu templo em Acilisena, onde as moças viviam como prostitutas por muito tempo antes de se casarem. Ninguém tinha escrúpulos em aceitar por esposa uma delas, depois de terminado o seu período de serviço.

Em Chipre, onde Adônis era também adorado, parece que, antes do casamento, todas as mulheres eram antigamente obrigadas pelo costume a se prostituir aos estranhos no santuário da deusa, tivesse ela o nome de Afrodite, Astarte ou qualquer outro. Costumes semelhantes existiram em muitas partes da Asia ocidental. Qualquer que fosse o motivo, a prática era evidentemente considerada não como uma orgia de sensualidade, mas como um solene dever religioso desempenhado a serviço da grande deusa-mãe da Asia ocidental, cujo nome variava, embora o tipo permanecesse constante, de lugar para lugar. Assim, na Babilônia, todas as mulheres ricas ou pobres tinham, uma vez na vida, de se submeter aos carinhos de um estrangeiro, no templo de Milita, isto é, de Istar ou Astarte, e dedicar à deusa os proventos dessa prostituição sagrada. O local sagrado ficava cheio de mulheres que esperavam para observar o costume. Algumas tinham de esperar anos. Em Heliópolis, ou Baalbec, na Síria, famosa pela imponente grandeza das ruínas de seus templos, o costume local exigia que toda moça se prostituísse a um estrangeiro, no templo de Astarte, e tanto as matronas quanto as jovens solteiras testemunhavam a sua devoção à deusa da mesma maneira. O imperador Constantino aboliu o costume, destruiu o templo e construiu em seu lugar uma igreja. Nos templos fenícios, as mulheres se prostituíam a serviço da religião, acreditando que, com isso, propiciavam a deusa e ganhavam sua proteção. "Era lei dos amorritas que toda mulher em vésperas de casar-se devia expor-se em fornicação durante sete dias junto ao portão."

Uma grande deusa-mãe, personificação de todas as energias reprodutivas da natureza, era adorada sob diferentes nomes, mas com uma semelhança substancial de mito e de ritual, por muitos povos da Asia ocidental. A ela associado estava um amante, ou antes, uma série de amantes, divinos e não obstante mortais, com os quais ela se consorciava anualmente, sendo a sua relação considerada como essencial à propagação dos animais e das plantas; e, ainda, a fabulosa união do divino par era simulada e, por assim dizer, multiplicada na terra por uniões reais, embora temporárias, dos sexos humanos no santuário da deusa em favor da fertilidade do solo e da multiplicação dos homens e animais.

O último rei de Biblos tinha o antigo nome de Ciniras e foi decapitado por ordem de Pompeu, o Grande, por causa de seus excessos tirânicos. Seu lendário homônimo Ciniras teria fundado um santuário de Afrodite, isto é, de Astarte, num lugar no monte Líbano, a um dia de viagem da capital. O local era provavelmente Aphaca, na nascente do rio Adônis, a meio caminho entre Biblos e Baalbec, pois havia ali um famoso bosque e santuário de Astarte, que Constantino fez destruir por causa do caráter flagicioso do culto que lá se realizava. Segundo a lenda, Adônis se encontrou com Afrodite pela primeira ou pela última vez naquele local, onde seu corpo lacerado foi enterrado. Anualmente, segundo a crença de seus fiéis, Adônis era ferido de morte nas montanhas e, a cada ano, a face da própria natureza se tingia de seu sagrado sangue. Assim, todos os anos, as moças sírias lamentavam o destino prematuramente ceifado do deus, enquanto a anêmona vermelha, a sua flor, vicejava entre os cedros do Líbano e o rio corria, vermelho, até o mar, orlando de uma faixa carmesim o litoral sinuoso do Mediterrâneo azul sempre que o vento soprava para a costa.

Adônis, Ontem e Hoje

O ritual de Adônis

Tratamos até aqui do mito de Adônis e das lendas que o associavam a Biblos. A análise dessas lendas levou-nos à conclusão de que, entre os povos semitas nos tempos antigos,

Adônis, o divino senhor da cidade, era muitas vezes personificado por reis sacerdotes. Ao mesmo tempo, pode-se dizer que a sua morte chorada anualmente reflete um antigo costume de condenar o rei à morte, todos os anos, para revigorar a vida da natureza.

Das lendas passamos agora ao ritual de Adônis, conhecido principalmente a partir dos autores gregos que o testemunharam; e esse ritual se aplica a épocas nas quais a evolução da sensibilidade humana havia amenizado alguns dos aspectos mais brutais do culto.

Nas festas de Adônis, realizadas na Ásia ocidental e nas terras gregas, a morte do deus era lamentada anualmente com manifestações amargas, sobretudo pelas mulheres; imagens suas, vestidas de modo a se assemelharem a cadáveres, eram transportadas como num funeral e, em seguida, lançadas ao mar ou nas fontes. Em certos lugares, seu renascimento era celebrado no dia seguinte. Em Alexandria, imagens de Afrodite e Adônis eram exibidas em dois leitos; ao seu lado eram colocados frutas maduras de todos os tipos, bolos, plantas em vasos e abrigos de folhagens entrelaçadas de anis verde. O casamento dos amantes era celebrado num dia e, no dia seguinte, mulheres de luto, com os cabelos em desalinho e os seios nus, levavam a imagem de Adônis morto até a praia e a entregavam às ondas. Mas não o pranteavam sem esperanças, pois cantavam dizendo que o desaparecido retornaria.

Na Ática, a festa caía no auge do verão. A frota organizada por Atenas contra Siracusa, e cuja destruição acabou definitivamente com o seu poderio, zarpou no verão e, por uma coincidência pressaga, os ritos sombrios de Adônis estavam sendo celebrados na mesma ocasião. Ao marcharem para o porto a fim de embarcar, os soldados passavam por ruas cheias de caixões e efígies semelhantes a cadáveres, e o ar estava cheio das lamentações das mulheres pela morte de Adônis. As circunstâncias fizeram pairar uma sombra sobre a partida da mais esplêndida armada que Atenas jamais havia lançado ao mar. Muito tempo depois, quando o imperador Juliano fez sua primeira entrada em Antióquia, encontrou também a alegre e faustosa capital do Oriente mergulhada num simulacro de dor pela morte anual de Adônis e, se teve qualquer pressentimento de uma desgraça iminente, as vozes chorosas que lhe chegaram aos ouvidos devem ter parecido um dobrar de finados.

O caráter de Tamuz ou Adônis como um espírito do grão de cereal surge claramente em um relato de suas festas feito por um autor árabe do século X. Ao descrever os ritos e sacrifícios observados nas diferentes estações do ano pelos pagãos sírios de Aram, esse autor diz: "Tamuz (julho). Em meados deste mês ocorre a festa de el-Bûgât, isto é, das mulheres carpideiras, que é a festa de Tâ-uz, celebrada em honra ao deu Tâ-uz. As mulheres o carpem porque seu senhor o matou muito cruelmente, moeu-lhe os ossos e os espalhou ao vento. As mulheres (durante a festa) nada comem que tenha passado por um moinho, limitando sua dieta a trigo molhado, ervilhas doces, tâmaras, passas, etc."

Essa concentração, por assim dizer, da natureza de Adônis nas plantações de cereais é característica do estágio cultural a que haviam chegado os seus adoradores já no período histórico. Estes haviam deixado a vida nômade de caçadores e pastores errantes bem para trás: há muito tempo já se haviam fixado na terra e dependiam, para a sua subsistência, principalmente dos produtos da agricultura. As pequenas frutas rasteiras e as raízes dos terrenos incultos, o capim dos pastos, que eram de importância vital para seus rudes antepassados, pouca significação tinham agora para eles: seus pensamentos e energias voltavam-se cada vez mais para o elemento básico de sua existência, o cereal. Cada vez mais, portanto, a preocupação com os deuses da fertilidade em geral, e com o espírito dos grãos em particular, tendia a se transformar no aspecto central de sua religião. O objetivo que se haviam fixado ao celebrar os ritos era totalmente prático. Não era um vago sentimento poético que os levava a saudar com alegria o renascimento da vegetação e prantear seu declínio. A fome, experimentada ou temida, era a mola principal do culto de Adônis.

Já se disse que as lamentações por Adônis constituíam essencialmente um rito de colheita, destinado a tornar propício o deus dos grãos, que então perecia sob as foices dos ceifadores ou era pisado até a morte pelos cascos dos bois na eira.

Assim interpretada, a morte de Adônis não é a decadência natural da vegetação em geral sob o calor do verão ou o frio do inverno, mas sim a violenta destruição do cereal pelo homem, que o ceifa nos campos, pisoteia na eira e tritura até transformar em pó, no moinho. Que era esse, na realidade, o aspecto principal sob o qual Adônis se apresentava em épocas mais recentes aos povos agrícolas do Levante, não se pode negar; mas se, desde o início, Adônis representou apenas o cereal e nada além do cereal, é algo que pode ser posto em dúvida. Num período anterior, Adônis pode ter sido, para o pastor sobretudo, a relva tenra que desponta depois da chuva, oferecendo pastagem rica para o gado magro e faminto. Num período ainda mais remoto, pode ter personificado o espírito das nozes e das pequenas frutas rasteiras que as florestas do outono oferecem ao caçador selvagem e à sua companheira. E tal como o chefe de família que tem de fazer com que lhe seja propício o espírito dos grãos que consome, assim também o pastor tem de apaziguar o espírito do capim e das folhas que seu gado come, e o caçador tem de agradar ao espírito das raízes que arranca e das frutas que colhe nos ramos.

Há razões para se pensar que, em tempos mais antigos, Adônis era por vezes personificado por um homem vivo, que encontrava morte violenta nessa representação do deus. Há, além disso, evidências que mostram que, entre os povos agrícolas do Mediterrâneo oriental, o espírito dos grãos, qualquer que fosse o seu nome, era representado com freqüência, todos os anos, por vítimas humanas sacrificadas no campo que estava sendo colhido. Se assim era, parece provável que a propiciação do espírito dos grãos tendesse a se confundir, até certo ponto, com o culto dos mortos. Isso porrque os espíritos dessas vítimas podiam voltar à vida nas espigas que seu sangue havia nutrido e ter uma segunda morte ao ser colhido o cereal.

"I sometimes think that never blows so red
The Rose as where some buried Caesar bled;
That every Hyacinth the Garden wears
Dropt in her Lap from some once lovely Head.

And this reviving Herb whose tender Green
Fledges the River-Lip on which we lean —

---

[1]Às vezes me parece mais vermelha a Rosa/ Que brotou na terra em que sangrou um César;/ E que cada Jacinto, ornato de um Jardim,/ Ali tombou de Cabeça outrora linda. // E a renascente erva cujo Verde tenro / Enfeita a margem do rio em que pisamos/ Pisemos bem de leve, pois quem sabe! De que outrora lindo Lábio brota oculta?" (N. do T.)

Ah, lean upon it lightly, for who knows
From what once lovely Lip it springs unseen?"[1]

Os jardins de Adônis

A melhor prova de que Adônis era uma divindade da vegetação, especialmente dos cereais, talvez nos seja proporcionada pelos jardins de Adônis, como eram chamados. Eram cestos ou vasos cheios de terra, nos quais trigo, cevada, alface, funcho e vários tipos de flores eram semeados e cuidados durante oito dias, sobretudo ou exclusivamente por mulheres. Estimuladas pelo calor do sol, as plantas cresciam rapidamente, mas, não tendo raízes, murchavam com igual rapidez e, ao fim de oito dias, eram levadas junto com as imagens de Adônis morto e lançadas ao mar ou em outras águas.

Esses jardins de Adônis são, muito naturalmente, interpretados como representações do deus, ou manifestações de seu poder que, de acordo com a sua natureza original, tomavam forma vegetal, ao passo que suas imagens, com as quais eram levados e jogados à água, o retratavam sob sua forma humana, posterior. Todas essas cerimônias de Adônis, se estamos certos, eram originalmente realizadas como sortilégios para promover o crescimento ou renascimento da vegetação, e o princípio pelo qual se supunha que produziriam tal efeito era o da magia homeopática ou imitativa. As pessoas ignorantes acham que imitando o efeito desejado estão, na realidade, contribuindo para que ele ocorra. Assim, aspergindo água, estão provocando a chuva, acendendo uma fogueira, estão atraindo o sol, e assim por diante. Da mesma forma, imitando o crescimento das plantações, esperam conseguir uma boa colheita. O rápido crescimento do trigo e da cevada nos jardins de Adônis pretendia fazer com que os cereais crescessem depressa, e o ato de jogar esses jardins e as imagens de Adônis na água era um sortilégio para assegurar a vinda da chuva fertilizadora. Idêntico, ao que nos parece, é o objetivo do gesto de jogar as efígies da Morte e do Carnaval na água, nas cerimônias correspondentes da Europa moderna. Sem dúvida, o costume de encharcar de água uma pessoa vestida de folhas, que certamente personifica a vegetação, existe ainda na Europa com o objetivo expresso de provocar chuva. Da mesma forma, o costume de lançar água sobre o último cereal colhido na estação, ou sobre a pessoa que o leva para casa (costume, observado na Alemanha e na França e, até recentemente, na Inglaterra e na Escócia), é praticado em certos lugares com a intenção reconhecida de assegurar chuva para as plantações do ano seguinte.

A opinião de que os jardins de Adônis são essencialmente sortilégios para promover o crescimento da vegetação, especialmente das plantações, e que pertencem à mesma classe dos costumes folclóricos relacionados com a primavera e o solstício do verão, na Europa moderna que já descrevemos, não se baseia apenas na probabilidade intrínseca do caso. Podemos, felizmente, mostrar que os jardins de Adônis (se nos for permitido usar a expressão num sentido geral) ainda são plantados pelos camponeses europeus no solstício de verão.

Em certas partes da Baviera, é costume semear o linho num vaso nos três último dias do Carnaval; com as sementes que brotam melhor faz-se um sortilégio para saber se há de ser a primeira, a segunda ou a terceira semeadura que dará melhor colheita. Na Sardenha, os jardins de Adônis ainda são plantados na festa do solstício de verão, que lá tem o nome de festa de São João. No final de março ou a 1º de abril, um jovem da aldeia se apresenta a uma moça, pede-lhe para ser a sua *comare* (comadre ou namorada) e oferece-se para ser seu *compare*. O convite é considerado como uma honra pela família da moça e aceito com satisfação. No fim de maio, a moça faz um vaso com a casca de um sobreiro, enche-o de terra e nele semeia um punhado de trigo e cevada. Como o vaso é colocado ao sol e regado com freqüência, os grãos brotam com rapidez e, na véspera do solstício (véspera de São João, 23 de junho), já está bem desenvolvido. O vaso é então chamado *erme* ou *nenneri*. No dia de São João, o rapaz e a moça, vestidos com suas melhores roupas, acompanhados por uma grande comitiva e precedidos de crianças que correm e brincam, vão em procissão até uma igreja fora da aldeia. Ali quebram o vaso, lançando-o contra a porta do templo. Sentam-se em seguida em círculo na grama e comem ovos e verduras ao som da música de flautas. O vinho é misturado numa taça servida a todos, que dela vão bebendo, passando-a adiante. Em seguida dão-se as mãos e cantam "Namorados de São João" (*"Compare e comare di San Giovanni"*) várias vezes, enquanto as flautas tocam durante todo o tempo. Quando se cansam de cantar, levantam-se e dançam alegremente em círculo até a noite.

Nesses costumes de verão de Sardenha, é possível que São João tenha substituído Adônis. Vimos que os ritos de Tamuz ou Adônis eram celebrados comumente no verão e, segundo São Jerônimo, sua data era em junho. Além da data e de sua semelhança em relação aos vasos de ervas e cereais, há outra afinidade entre as duas festas, a pagã e a cristã. Em ambas, a água tem um papel destacado. Em sua festa de verão na Babilônia, a imagem de Tamuz, cujo nome significa "verdadeiro filho da água profunda", era banhada em água pura; em sua festa de verão em Alexandria, a imagem de Adônis, com a de sua divina amante Afrodite, era lançada às ondas; e, nas comemorações de verão na Grécia, os jardins de Adônis eram jogados no mar ou numa nascente. Ora, um aspecto importante da festa do solstício de verão ligado ao nome de São João é, ou costumava ser, a tradição de banhar-se no mar, nas nascentes, nos rios ou no sereno, na noite da véspera ou no próprio dia da festa do solstício. Assim, por exemplo, em Nápoles há uma igreja dedicada a São João Batista com o nome de São João do Mar (*San Giovan a mare*); e era hábito antigo de homens e mulheres banharem-se no mar na véspera de São João, isto é, na véspera do solstício de verão, acreditando que, com isso, todos os seus pecados eram lavados também. Nos Abruzos, ainda se acredita que a água adquira certas propriedades maravilhosas e benéficas na noite de São João. Por isso, muitas pessoas se banham no mar ou nos rios naquela data, especialmente no alvorecer. Em Marsala, na Sicília, há uma nascente uma gruta subterrânea, chamada *Grotto della Sibila*. Ao seu lado, há uma igreja de São João que se supõe ocupar o lugar onde antes se erguia um templo de Apolo. Na véspera de São João, a 23 de junho, mulheres e moças visitam a gruta e, bebendo da água profética, ficam sabendo, as que são casadas, se seus maridos lhes foram fiéis no ano que passou, e as solteiras, se haverão de casar-se no próximo ano. Também os enfermos imaginam que, banhando-se na água, ou dela bebendo, ou ainda mergulhando nela três vezes em nome da Trindade, ficarão curados.

Talvez se possa dizer que esse costume generalizado de banhar-se na água ou no sereno, na véspera ou no dia do solstício de verão, tenha origem puramente cristã, tendo sido adotado como modo adequado de celebrar o dia dedicado ao

Batista. Na realidade, porém, o costume é mais antigo do que o cristianismo, pois foi denunciado e proibido como pagão por Santo Agostinho, e até hoje é praticado no verão pelos povos islâmicos do norte da Africa. Podemos conjeturar que a Igreja, incapaz de acabar com esse resquício do paganismo, seguiu sua habitual política de acomodação, dando ao rito um nome cristão e aquiescendo, com um suspiro, em sua realização. E, ao procurarem um santo para suplantar o patrono pagão dos banhos, os doutores cristãos dificilmente poderiam ter encontrado um sucessor mais adequado do que São João Batista.

Quanto a isso, uma declaração bem conhecida de São Jerônimo talvez seja significativa. Ele nos diz que Belém, segundo a tradição o lugar de nascimento de Nosso Senhor, ficava à sombra de um bosque daquele senhor sírio ainda mais antigo, Adônis, e que, ali onde o Menino Jesus havia emitido seu primeiro choro, o amante de Vênus era pranteado.

Embora não o diga claramente, São Jerônimo parece ter pensado que o bosque de Adônis havia sido plantado pelos pagãos depois do nascimento do Cristo com o propósito de profanar o lugar sagrado. Nisso talvez estivesse enganado. Se Adônis foi realmente, como argumentamos, o espírito dos grãos, dificilmente poderia ser encontrado um nome mais adequado para a sua morada do que Belém, "a casa do pão", e ele bem pode ter sido adorado ali, em sua "casa do pão", muitos séculos antes Daquele que disse: "Eu sou o pão da vida."

MITOLOGIAS
Roland Barthes
Formato: 14 x 21
184 páginas
Editora Difel
Tel.: (021) 223-2365
Rio de Janeiro
1978
(Ver pág. 143)

O Mito, Hoje

ROLAND BARTHES

O que é um mito, hoje? Darei desde já uma primeira resposta, muito simples, que concorda plenamente com a etimologia: *o mito é uma fala.*

O mito é uma fala

Naturalmente, não é uma fala qualquer. São necessárias condições especiais para que a linguagem se transforme em mito, vê-lo-emos em breve. Mas o que se deve estabelecer solidamente desde o início é que o mito é um sistema de comunicação, é uma mensagem. Eis por que não poderia ser um objeto, um conceito, ou uma idéia: ele é um modo de significação, uma forma. Será necessário, mais tarde, impor a essa forma limites históricos, condições de funcionamento, reinvestir nela a sociedade: isso não impede que seja necessário descrevê-la de início como uma forma.

Seria portanto totalmente ilusório pretende fazer uma discriminação substancial entre os objetos míticos: já que o mito é uma fala, tudo pode constituir um mito, desde que seja suscetível de ser julgado por um discurso. O mito não se define pelo objeto da sua mensagem, mas pela maneira como a profere: o mito tem limites formais, mas não substanciais. Logo, tudo pode ser mito? Sim, julgo que sim, pois o universo é infinitamente sugestivo. Cada objeto do mundo pode passar de uma existência fechada, muda, a um estado oral, aberto à apropriação da sociedade, pois nenhuma lei, natural ou não, pode impedir-nos de falar das coisas. Uma árvore é uma árvore. Sim, sem dúvida. Mas uma árvore, dita por Minou Drouet, já não é exatamente uma árvore, é uma árvore decorada, adaptada a um certo consumo, investida de complacências literárias, de revoltas, de imagens, em suma, de um uso social que se acrescenta à pura matéria.

Não existe, evidentemente, uma manifestação simultânea de todos os mitos: certos objetos permanecem cativos da linguagem mítica durante um certo tempo, depois desaparecem, outros o substituem, acedendo ao mito. Existem objetos *fatalmente* sugestivos, como a Mulher para Baudelaire? Certamente que não: pode conceber-se que haja mitos muito antigos, mas não eternos; pois é a história que transforma o real em discurso, é ela e só ela que comanda a vida e a morte da linguagem mítica. Longínqua ou não, a mitologia só pode ter um fundamento histórico, visto que o mito é uma fala escolhida pela história: não poderia de modo algum surgir da "natureza" das coisas.

Esta fala é uma mensagem. Pode, portanto, não ser oral; pode ser formada por escritas ou por representações: o discurso escrito, assim como a fotografia, o cinema, a reportagem, o esporte, os espetáculos, a publicidade, tudo isto pode servir de suporte à fala mítica. O mito não pode definir-se nem pelo seu objeto, nem pela sua matéria, pois qualquer matéria pode ser arbitrariamente dotada de significação: a flecha apresentada para significar uma provocação é também uma fala. Não há dúvida que na ordem da percepção, a imagem e a escrita, por exemplo, não solicitam o mesmo tipo de consciência; e a própria imagem propõe diversos modos de leitura: um esquema é muito mais aberto à significação do que um desenho, uma imitação mais do que um original, uma caricatura mais do que um retrato. Mas, precisamente, já não se trata aqui de um modo teórico de representação; trata-se *desta* imagem realizada em vista *desta* significação: a fala mítica é formada por uma matéria *já* trabalhada em vista de uma comunicação apropriada: todas as matérias-primas do mito, quer sejam representativas quer gráficas, pressupõem uma consciência significante, e é por isso que se pode raciocinar sobre eles independentemente da sua matéria. Esta, porém, não é indiferente: a imagem é certamente mais imperativa do que a escrita, impõe a significação de uma só vez, sem analisá-la, sem dispersá-la. Mas isto já não é uma diferença constitutiva. A imagem transforma-se numa escrita a partir do momento em que é significativa: como a escrita, ela exige uma *léxis*.

Entender-se-á portanto, daqui para diante, por *linguagem, discurso, fala, etc* , toda unidade ou toda síntese significativa, quer seja verbal ou visual: uma fotografia será, por nós, considerada fala exatamente como um artigo de jornal; os próprios objetos poderão transformar-se em fala se significarem alguma coisa. Esta maneira genérica de conceber a linguagem justifica-se, aliás, pela própria história das escritas: muito antes da invenção do nosso alfabeto, objetos como o kipu inca, ou desenhos como os pictogramas, eram falas normais. Isto não quer dizer que se deva tratar a fala mítica como a língua: na verdade, o mito depende de uma ciência geral extensiva à lingüística, que é a *semiologia*.

O mito como sistema semiológico

Efetivamente, como estudo de uma fala, a mitologia é apenas um fragmento dessa vasta ciência dos signos que Saussure postulou há cerca de quarenta anos sob o nome de *semiologia*. A semiologia ainda não se constituiu. No entanto, desde o próprio Saussure, e por vezes independentemente do seu trabalho, todo um setor da pesquisa contemporânea retoma incessantemente o problema da significação: a psicanálise, o estruturalismo, a psicologia eidética, certas novas tentativas de crítica que Bachelard inaugurou pretendem estudar o fato apenas na medida em que ele significa. Ora, postular uma significação é recorrer à semiologia. Não quero dizer com isto que a semiologia cubra igualmente todas estas pesquisas: elas têm conteúdos diferentes. Mas têm um estatuto comum, são todas elas ciências dos valores; não se contentam em circunscrever o fato: definem-no e exploram-no como um *valor de equivalência*.

A semiologia é uma ciência das formas, visto que estuda as significações independentemente do seu conteúdo. Gostaria de dizer uma palavra sobre a necessidade e os limites desta ciência formal. A necessidade é a mesma, exatamente, de toda e qualquer linguagem exata. Zdanov caçoava do filósofo Alexandrov por este falar da "estrutura esférica do nosso planeta." "Parecia, até hoje," diz Zdanov, "que só a forma podia ser esférica." Zdanov tinha razão: não se pode falar de estruturas em termos de formas, e reciprocamente. É muito possível que, no plano da "vida", exista apenas uma totalidade indiscernível de estruturas e de formas. Mas a ciência despreza o inefável; ela precisa falar a "vida", para poder transformá-la. Contra um certo dom-quixotismo, aliás infelizmente platônico, da síntese, toda crítica deve admitir a ascese, o artifício da análise e, na análise, tornar apropriados os métodos e as linguagens. Menos aterrorizada pelo espectro de um "formalismo", a crítica histórica teria sido, talvez, menos estéril; teria compreendido que o estudo específico das formas não contradiz em nada os princípios necessários da totalidade da História. Antes pelo contrário: quanto mais um sistema é especificamente definido em suas formas, tanto mais é dócil à crítica histórica. Parodiando uma frase conhecida, diria que um pouco de formalismo afasta-nos da História, mas muito formalismo aproxima-nos dela. Haverá melhor exemplo de uma crítica total do que a descrição simultaneamente formal e histórica, semiológica e ideológica, da santidade no *Saint-Genet* de Sartre? O perigo é, pelo contrário, considerar as formas como objetos ambíguos, meio-formas, meio-substâncias, dotar a forma de uma substância de forma, como fez por exemplo o realismo zdanoviano. A semiologia, colocada nos seus limites, não é uma armadilha suficiente. O importante é perceber que a unidade de uma explicação não pode provir da amputação de tal ou tal das suas abordagens, mas, de acordo com a frase de Engels, da coordenação dialética das ciências particulares que nela estão engajadas. É o que se passa com a mitologia: faz parte simultaneamente da semiologia, como ciência formal, e da ideologia, como ciência histórica: ela estuda idéias-em-forma.

Recordo, portanto, que toda a semiologia postula uma relação entre dois termos, um significante e um significado. Relacionando objetos de ordem diferente, não constitui uma igualdade, mas sim uma equivalência. É preciso não esquecer que, contrariamente ao que sucede na linguagem comum, que me diz simplesmente que o significante *exprime* o significado, devem-se considerar em todo o sistema semiológico não apenas dois, mas três termos diferentes; pois o que se apreende não é absolutamente um termo, um após o outro, mas a correlação que os une: temos portanto o significante, o significado e o signo, que é o total associativo dos dois primeiros termos. Tomemos um ramo de rosas; faço-o *significar* a minha paixão. Não existem apenas aqui um significante e um significado, as rosas e a minha paixão? Nem sequer isso: para dizer a verdade, só existem rosas "passionalizadas". Mas, no plano da análise, estamos perante três termos; pois estas rosas carregadas de paixão deixam-se perfeita e adequadamente decompor em rosas e em paixão: esta e aquela existiam antes de se juntarem e formarem este terceiro objeto, que é o signo. Do mesmo modo que, no plano da experiência, do vivido, não posso dissociar as rosas da mensagem que transportam, assim no plano da análise não posso confundir as rosas como significante e as rosas como signo: o significante é vazio, o signo pleno é um sentido. Seja ainda uma pedra preta: posso fazê-la significar de diversas maneiras, é um simples significante; mas se a carregar de um significado definitivo (condenação à morte, por exemplo, num voto anônimo), transformar-se-á num signo. Naturalmente existem, entre o significante, o significado e o signo, implicações funcionais (como a da parte ao todo) e tão estreitas, que a análise pode parecer vã; mas veremos em breve que esta distinção tem uma importância capital para o estudo do mito como esquema semiológico.

Naturalmente, estes três termos são puramente formais, e pode-se-lhes atribuir conteúdos diferentes. Eis alguns exemplos: para Saussure, que trabalhou com um sistema semiológico específico, mas metodologicamente exemplar — a língua —, o significado é o conceito, o significante é a imagem acústica (de ordem psíquica), e a relação entre o conceito e a imagem é o signo (a palavra, por exemplo), entidade concreta. Para Freud, como se sabe, o psiquismo é uma espessura de equivalências, de *valores de equivalência*. Um termo (abstenho-me de atribuir-lhe uma proeminência) é constituído pelo sentido manifesto do comportamento, um outro pelo sentido latente ou sentido próprio (por exemplo o substrato de um sonho); quanto ao terceiro termo, é também neste caso uma correlação dos dois primeiros: é o próprio sonho, na sua totalidade, o ato falho ou a neurose, concebidos como compromissos, economias realizadas graças à junção de uma forma (primeiro termo) e de uma função intencional (segundo termo). Aqui se vê como é necessária a distinção entre signo e significante: o sonho, para Freud, não é nem o seu conteúdo manifesto, nem o seu conteúdo latente, mas sim a ligação funcional dos dois termos. Na crítica sartriana enfim (limitar-me-ei a estes três exemplos conhecidos), o significado é constituído pela crise original do sujeito (a separação da mãe para Baudelaire, a denominação do roubo para Genet); a Literatura, como discurso, forma o significante; e a relação da crise com o discurso define a obra, que é uma significação. Naturalmente, este esquema tridimensional, por mais constante que seja em sua forma, não se efetua sempre da mesma maneira: logo, nunca será demasiado repetir que a semiologia só pode comportar uma unidade ao nível das formas, e não dos conteúdos; o seu campo é limitado, tem por objeto apenas uma linguagem, só conhece uma operação: a leitura ou o deciframento.

No mito, pode encontrar-se o mesmo esquema tridimensional de que acabei de falar: o significante, o significado e o signo. Mas o mito é um sistema particular, visto que ele se constrói a partir de uma cadeia semiológica que existe já antes dele: *é um sistema semiológico segundo.* O que é signo (isto é, totalidade associativa de um conceito e de uma imagem) no primeiro sistema, transforma-se em simples significante no segundo. É necessário recordar, neste ponto, que as matérias-primas da fala mítica (língua propriamente dita, fotografia, pintura, cartaz, rito, objeto, etc.), por mais diferentes que sejam inicialmente, desde o momento em que são captadas pelo mito, reduzem-se a uma pura função significante: o mito vê nelas apenas uma mesma matéria-prima; a sua unidade provém do fato de serem todas reduzidas ao simples estatuto de linguagem. Quer se trate de grafia literal ou de grafia pictural, o mito apenas considera uma totalidade de signos, um signo global, o termo final de uma primeira cadeia semiológica. E é precisamente este termo final que vai transformar-se em primeiro termo ou termo parcial do sistema aumentado que ele constrói. Tudo se passa como se o mito deslocasse de um nível o sistema formal das primeiras significações. Como esta translação é capital para a análise do mito, representá-la-ei da seguinte maneira, entendendo-se que a espacialização do esquema não é aqui mais do que uma simples metáfora:

<table>
<tr><td>Língua</td><td>1. significante</td><td>2. significado</td><td></td></tr>
<tr><td rowspan="2">MITO</td><td colspan="2">3. signo
I. SIGNIFICANTE</td><td>II. SIGNIFICADO</td></tr>
<tr><td colspan="3">III. SIGNO</td></tr>
</table>

Pode constatar-se, assim, que no mito existem dois sistemas semiológicos, um deles deslocado em relação ao outro: um sistema lingüístico, a língua (ou os modos de representação que lhe são assimilados), a que chamarei *linguagem-objeto*, porque é a linguagem de que o mito se serve para construir o seu próprio sistema; e o próprio mito, a que chamarei *meta-linguagem*, porque é uma segunda língua, *na qual* se fala da primeira. Refletindo sobre uma metalinguagem, o semiólogo não deve mais interrogar-se sobre a composição da linguagem-objeto, não deve mais ocupar-se com o detalhe do esquema lingüístico: dele só terá de considerar o termo total ou signo global, e apenas na medida em que este termo se presta ao mito. Eis porque o semiólogo deve tratar do mesmo modo a escrita e a imagem: o que ele delas retém é que ambas são *signos*, ambas chegam ao limiar do mito dotadas da mesma função significante; tanto uma como a outra constituem uma linguagem objeto.

É altura de dar um ou dois exemplos de fala mítica. Tirarei o primeiro de uma observação de Valéry: sou aluno de segundo ano ginasial num liceu francês; abro a minha gramática latina e leio uma frase tirada de Esopo ou de Fedra: *quia ego mominor leo*. Paro e reflito: há uma ambigüidade nesta proposição. Por um lado, as palavras têm, sem dúvida, um sentido simples: *pois chamo-me leão*. E, por outro lado, a frase pretende manifestamente significar outra coisa: na medida em que ela é dirigida a mim, aluno do segundo ano de ginásio, diz-me claramente: eu sou um exemplo de gramática destinado a ilustrar a regra de concordância do atributo. Sou mesmo obrigado a reconhecer que a frase não me *significa*, em absoluto, o seu sentido; não procura falar-me do leão, nem dizer-me como ele se denomina; a sua significação verdadeira e última é a de impor-se a mim como presença de uma certa concordância do atributo. Concluo assim que estou perante um sistema semiológico particular, ampliado, visto que é extensivo à língua; existe, decerto, um significante, mas este significante é ele próprio formado por um total de signos, e, por si só, já constitui um primeiro sistema semiológico *(pois chamo-me leão)*. E no resto, o esquema formal desenvolve-se corretamente: há um significado *(eu sou um exemplo de gramática)* e uma significação global, que não é nada mais do que a correlação do significante e do significado; pois nem a denominação do leão, nem o exemplo de gramática me são dados separadamente.

Eis agora um outro exemplo: estou no cabeleireiro, dão-me um exemplar do *Paris-Match*. Na capa, um jovem negro vestindo um uniforme francês faz a saudação militar, com os olhos erguidos, fixos sem dúvida numa prega da bandeira tricolor. Isto é o *sentido* da imagem. Mas, ingênuo ou não, bem vejo o que ela significa: que a França é um grande Império, que todos os seus filhos, sem distinção de cor, servem a ela fielmente, sob a sua bandeira, e que não há melhor resposta para os detratores de um pretenso colonialismo do que a dedicação deste preto servindo aos seus pretensos opressores. Eis-me pois, uma vez mais, perante um sistema semiológico ampliado: há um significante, formado já ele próprio por um sistema prévio *(um soldado negro faz a saudação militar francesa)*; há um significado (aqui uma mistura intencional de "francidade" e de "militaridade"); há enfim uma *presença* do significado através do significante.

Antes de passarmos à análise de cada termo do sistema mítico, convém que nos entendamos sobre a terminologia. Sabemos agora que o significante pode ser encarado, no mito, sob dois pontos de vista: como termo final do sistema lingüístico, ou como termo inicial do sistema mítico: precisamos, portanto, de dois nomes: no plano da língua, isto é, como termo final do primeiro sistema, chamarei ao significante: *sentido (chamo-me leão, um negro faz a saudação militar francesa)*; no plano do mito, chamar-lhe-ei: *forma*. Quanto ao significado, não há ambigüidade possível: continuaremos a chamá-lo de *conceito*. O terceiro termo é a correlação dos dois primeiros: no sistema da língua, é o *signo*; mas não se pode retomar esta palavra sem ambigüidade visto que, no mito (e isto constitui a sua particularidade principal), o significante já é formado pelos *signos* da língua. Chamarei ao terceiro termo do mito, *significação:* e a palavra é tanto mais apropriada aqui porque o mito tem efetivamente uma dupla função: designa e notifica, faz compreender e impõe.

A forma e o conceito

O significante do mito apresenta-se de uma maneira ambígua: é simultaneamente sentido e forma, pleno de um lado, vazio do outro. Enquanto sentido, o significante postula já uma leitura, apreendo-o com os olhos, ele tem uma realidade sensorial (ao contrário do significante lingüístico, que é de ordem puramente psíquica), tem uma riqueza: a denominação do leão, a saudação do negro são conjuntos plausíveis, dispõem de uma racionalidade suficiente; como total de signos lingüísticos, o sentido do mito tem um valor próprio, faz parte de uma história, a do leão ou a do negro: no sentido, já está constituída uma significação, que poderia facilmente bastar-se a si própria se o mito não a tomasse por sua conta, e não a transformasse subitamente numa forma vazia, parasita. O sentido *já* está completo, postula um saber, um passado, uma memória, uma ordem comparativa de fatos, de idéias, de decisões.

Tornando-se forma, o sentido afasta a sua contingência; esvazia-se, empobrece, a história evapora-se, permanece apenas a letra. Efetua-se aqui uma permutação paradoxal das operações de leitura, uma regressão anormal do sentido à forma, do signo lingüístico ao significante mítico. Detida nos limites de um sistema puramente lingüístico, a proposição *quia ego nominor leo* recupera aí uma plenitude, uma riqueza, uma história: eu sou um animal, um leão, vivo em tal país, volto da caça, queriam que eu dividisse a minha presa com uma vitela, uma vaca e uma cabra; mas, como eu sou o mais forte, reservo para mim só todos os quinhões por *razões* diversas, das quais a última é muito simplesmente que *me chamo leão*. Mas como forma do mito, a proposição não revela quase mais nada desta longa história. O sentido continha todo um sistema de valores: uma história, uma geografia, uma moral, uma zoologia, uma literatura. A forma afastou toda esta riqueza: a sua pobreza presente requer uma significação que a preencha. É preciso que a história do leão recue muito para ceder lugar ao exemplo de gramática, é preciso colocar entre parênteses a biografia do negro se se quiser libertar a imagem, torná-la disponível para receber o seu significado.

Mas o ponto capital em tudo isto é que a forma não suprime o sentido, empobrece-o apenas, afasta-o, conservando-o à sua disposição. Cremos que o sentido vai morrer, mas é uma morte suspensa: o sentido perde o seu valor, mas conserva a vida, que vai alimentar a forma do mito. O sentido passa a ser para a forma como uma reserva instantânea de história, como uma riqueza submissa, que é possível aproximar e afastar numa espécie de alternância rápida: é necessário que a cada momento a forma possa reencontrar raízes no sentido, e aí se alimentar; e, sobretudo, é necessário que ela se possa esconder nele. É este interessante jogo de esconde-esconde entre o sentido e a forma que define o mito. A forma do mito não é um símbolo: o negro que saúda não é símbolo do império francês, tem presença a mais para isso, apresenta-se como imagem rica, vivida, espontânea, inocente, *indiscutível.* Mas, simultaneamente, esta presença é submissa, distante, tornou-se como que transparente, recua um pouco, faz-se cúmplice de um conceito já anteriormente constituído, a imperialidade francesa: é uma presença *emprestada.*

Vejamos agora o significado: essa história que se derrama da forma é o conceito que a vai absorver totalmente, pois o conceito, esse, é determinado: é simultaneamente histórico e intencional; é móbil que faz proferir o mito. A exemplaridade gramatical, a imperialidade francesa constituem a própria pulsão do mito. O conceito restabelece uma cadeia de causas e efeitos, de motivações e de intenções. Ao contrário da forma, o conceito não é absolutamente abstrato, mas está repleto de uma situação. Através do conceito, toda uma história nova é implantada no mito: na denominação do leão, previamente esvaziada da sua contingência, o exemplo da gramática vai empenhar toda a minha existência: o Tempo, que me fez nascer em determinada época em que a gramática latina é ensinada; a História que me distingue, através de todo um jogo de segregação social, das crianças que não aprendem latim; a tradição pedagógica, que faz com que se escolha este exemplo em Esopo ou na Fedra; os meus próprios hábitos lingüísticos, que vêm na concordância do atributo um fato notável, digno de ser ilustrado. O mesmo se passa com o negro fazendo a continência: como forma, o seu sentido é limitado, isolado, empobrecido; como conceito da imperialidade francesa, entra de novo em contato com a totalidade do mundo: com a história geral da França, as suas aventuras coloniais, as suas dificuldades presentes. Para dizer a verdade, o que se investe no conceito é menos o real do que um certo conhecimento do real; passando do sentido à forma, a imagem perde parte do seu saber: torna-se disponível para o saber do conceito. De fato, o saber contido no conceito mítico é um saber confuso, constituído por associações moles, ilimitadas. É preciso insistir sobre este caráter aberto do conceito; não é absolutamente uma essência abstrata, purificada, mas sim uma condensação informal, instável, nebulosa, cuja unidade e coerência provêm sobretudo da sua função.

Neste sentido, pode-se dizer que a característica fundamental do conceito mítico é a de ser *apropriado*: a exemplaridade gramatical atinge uma determinada classe de alunos, a imperialidade francesa deve afetar tal grupo de leitores e não tal outro: o conceito corresponde a uma função precisa, define-se como uma tendência. Isto recorda-nos inevitavelmente o significado de um outro sistema semiológico, o sistema freudiano: em Freud, o segundo termo do sistema é o sentido latente (o conteúdo) do sonho, do ato falho, da neurose. Ora, Freud constata justamente que o sentido segundo do comportamento é o seu sentido próprio, isto é, apropriado a uma situação completa, profunda; tal como o conceito mítico, ele é a própria intenção do comportamento.

Um significado pode ter vários significantes: é o caso, particularmente, do significado lingüístico e do significado psicanalítico. É também o caso do conceito mítico: tem à sua disposição uma massa ilimitada de significantes; posso encontrar mil frases latinas que exemplifiquem a concordância do atributo, posso encontrar mil imagens que me signifiquem a imperialidade francesa. Isto quer dizer que, *quantitativamente*, o conceito é muito mais pobre do que o significante; limita-se freqüentemente a re-apresentar-se. Na forma e no conceito, pobreza e riqueza estão em proporções inversas: à pobreza qualitativa da forma depositária de um sentido rarefeito corresponde uma riqueza do conceito, aberto a toda a História; e à abundância quantitativa das formas, corresponde um pequeno número de conceitos. Essa repetição do conceito através de formas diferentes é preciosa para o mitólogo, permite-lhe decifrar o mito: é a insistência num comportamento que revela a sua intenção. Isto confirma que não há relação regular entre o volume do significado e o do significante: na língua, esta relação é proporcionada, não excede a palavra, ou pelo menos, a unidade concreta. No mito, pelo contrário, o conceito pode cobrir uma grande extensão de significante: por exemplo, um livro inteiro será o significante de um só conceito; e, inversamente, uma forma minúscula (uma palavra, um gesto, mesmo lateral, desde que seja notado) poderá servir de significante a um conceito repleto de uma história extremamente rica. Embora não seja habitual na língua, esta desproporção entre o significante e o significado não é exclusiva do mito: em Freud, por exemplo, o ato falho é um significante de uma magreza sem proporção com o sentido próprio, que ele trai.

Repito, portanto: não existe nenhuma rigidez nos conceitos míticos: podem construir-se, alterar-se, desfazer-se, desaparecer completamente. E é precisamente porque são históricos que a história pode facilmente suprimi-los. Esta instabilidade obriga o mitólogo a ter uma terminologia adaptada, sobre a qual gostaria de dizer algumas palavras, já que muitas vezes ela suscita a ironia: trata-se do neologismo. O conceito é um elemento constituinte do mito: se pretendo decifrar mitos, é necessário que possa nomear conceitos. O dicionário fornece-me alguns: a Bondade, a Caridade, a Saúde, a Humanidade, etc. Mas, por definição, visto que é o dicionário que nos fornece, estes conceitos não são históricos. Ora, normalmente, aquilo de que tenho mais necessidade é de conceitos efêmeros, ligados a contingências limitadas: assim, o neologismo é inevitável. A China é uma coisa, a concepção que ainda há bem pouco tempo um pequeno-burguês francês tinha da China é outra: para esta mistura especial de sinetas, riquixá e casas de fumo de ópio, não há outra palavra possível a não ser *sinidade*. Não é lindo? Consolemo-nos, pelo menos, reconhecendo que o neologismo conceitual nunca é arbitrário: a sua elaboração repousa numa regra proporcional muito sensata.

A significação

Em semiologia, o terceiro termo é apenas, como se sabe, a associação dos dois primeiros: é o único a apresentar-se de uma maneira plena e suficiente, é o único que é efetivamente consumido. Chamei-o de significação. Conforme se vê, a significação é o próprio mito, exatamente como o signo saussuriano é a palavra (ou, mais exatamente, a entidade concreta). Mas antes de expor os caracteres da significação é necessário refletir um pouco sobre os seus modos de constituição, isto é, sobre os modos de correlação do conceito e da forma míticos.

É preciso notar, em primeiro lugar, que no mito os dois primeiros termos são perfeitamente manifestos (ao contrário do que se passa em outros sistemas semiológicos): um não se "esconde" atrás do outro, estão ambos presentes *aqui* (e não um aqui e o outro lá). Por mais paradoxal que isso possa parecer, o *mito não esconde nada*: tem como função deformar, não fazer desaparecer. Não há nenhuma latência do conceito em relação à forma: não é absolutamente necessário um inconsciente para explicar o mito. Estamos evidentemente em presença de dois tipos diferentes de manifestação: a presença da forma é literal, imediata, e além disso, ela se estende. Isto provém — nunca será demais repeti-lo — da natureza já lingüística do significante mítico: visto que ele é formado por um sentido já constituído, só pode oferecer-se através de uma matéria (enquanto na língua, o significante permanece psíquico). No caso do mito oral, esta extensão é linear (*pois chamo-me leão)*; no do mito visual, a extensão é multidimensional (ao centro, o uniforme do negro; em cima, o seu rosto escuro; à esquerda, a continência, etc.). Os elementos da forma mantêm pois, entre si, relações de lugar, de proximidade: o modo de presença da forma é espacial. O conceito, pelo contrário, apresenta-se globalmente, é uma espécie de nebulosa, condensação mais ou menos "fluida" de um saber. Os elementos que o constituem estão ligados por relações associativas: o suporte do conceito não é uma extensão, mas sim uma espessura (embora esta metáfora permaneça talvez muito espacial): a sua presença é de ordem memorativa.

A relação que une o conceito do mito ao sentido é essencialmente uma relação de *deformação.* Reencontramos aqui uma certa analogia formal com um sistema semiológico complexo, o das psicanálises. Assim como, para Freud, o sentido latente do comportamento deforma o seu sentido manifesto, assim, no mito, o conceito deforma o sentido. Naturalmente, esta deformação só é possível porque a forma do mito já é constituída por um sentido lingüístico. Num sistema simples como a língua, o significado não pode deformar nada, porque o significante, vazio, arbitrário, não lhe oferece nenhuma resistência. Mas aqui tudo é diferente: o significante tem, de certo modo, duas faces: uma face plena, que é o sentido (a história do leão, do negro soldado), e uma face vazia, que é a forma *(pois chamo-me leão; negro-soldado-francês-saudando-a-bandeira-tricolor).* O que o conceito deforma é evidentemente a face plena, o sentido: o leão e o negro são privados de suas histórias, transformados em gestos. O que a exemplaridade latina deforma é a denominação do leão em toda a sua contingência; e o que a imperialidade francesa perturba é também uma linguagem primeira, um discurso fatual que me contava a saudação militar de um negro em uniforme. Mas esta deformação não é uma abolição: o leão e o negro permanecem, o conceito precisa deles: são amputados pela metade, retira-se-lhes a memória, não a existência são simultaneamente teimosos, selenciosamente enraizados, e faladores: fala disponível, totalmente a serviço do conceito. O conceito, estritamente, deforma, mas não elimina o sentido: existe um termo que significa exatamente esta contradição: aliena-o.

É sempre indispensável recordar que o mito é um sistema duplo, nele se produz uma espécie de ubiqüidade: o ponto de partida do mito é constituído pelo ponto terminal de um sentido. Para conservar uma metáfora espacial, cujo caráter aproximativo já sublinhei, diria que a significação do mito é constituída por uma espécie de torniquete incessante, que alterna o sentido do significante e a sua forma, uma linguagem-objeto e uma metalinguagem, uma consciência puramente significante e uma consciência puramente representativa; esta alternância é, de certo modo, condensada pelo conceito, que se serve dela como de um significante ambíguo, simultaneamente intelectivo e imaginário, arbitrário e natural.

Não pretendo conjecturar sobre as implicações morais de tal mecanismo, mas não sairei de uma análise objetiva se observar que a ubiqüidade do significante, no mito, reproduz exatamente a física do *álibi* (sabe-se que esta palavra é um termo espacial): no álibi, também, há um lugar pleno e um lugar vazio, ligados por uma relação de identidade negativa ("não estou onde vocês pensam que estou; estou onde vocês pensam que não estou"). Mas o álibi comum (policial, por exemplo) tem um término: a dado momento, o real impede-o de girar. O mito é um *valor*, não tem a verdade como sanção; nada o impede de ser um perpétuo álibi; basta que o seu significante tenha duas faces para dispor sempre de um "outro lado": o sentido existe sempre para *apresentar* a forma; a forma existe sempre para *distanciar* o sentido. E nunca há contradição, conflito, explosão entre o sentido e a forma, visto que nunca estão no mesmo ponto. Do mesmo modo, se estou num automóvel e olho a paisagem pela janela, posso, segundo os meus desejos, focalizar a paisagem ou a vidraça: ora me aperceberei da presença do vidro e da distância da paisagem; ora, pelo contrário, da transparência do vidro e da profundidade da paisagem; mas o resultado desta alternância será constante: a vidraça estará para mim simultaneamente presente e vazia, a paisagem simultaneamente irreal e plena. O mesmo se passa com o significante mítico: nele, a forma permanece vazia mas presente, o sentido ausente e, no entanto, pleno. Só poderei surpreender-me com esta contradição se suspender voluntariamente este torniquete de forma e sentido, se focalizar cada um deles como um objeto distinto do outro e se aplicar ao mito um processo estático de decifração; em suma, se contrariar a sua dinâmica própria; numa palavra, se passar da situação de leitor do mito à situação de mitólogo.

E é ainda esta duplicidade do significante que vai determinar os caracteres da significação. Sabemos doravante que o mito é uma fala definida pela sua intenção *(sou um exemplo de gramática)*, muito mais do que pela sua literalidade (chamo-me leão); e que, no entanto, a intenção está de algum modo petrificada, purificada, eternizada, *tornada ausente* pela literalidade. *(O império francês? Ora, é um fato: esse bom negro que faz a continência como qualquer moço aqui da terra).* Esta ambigüidade constitutiva da fala mítica vai ter duas conseqüências para a significação: esta vai apresentar-se simultaneamente como uma notificação e como uma constatação.

O mito possui um caráter imperativo, interpelatório: tendo surgido de um conceito histórico, vindo diretamente da contingência (uma aula de latim, O império ameaçado), é a *mim* que ele se dirige: está voltado para mim, impõe-me a sua força intencional; obriga-me a acolher a sua ambigüidade expansiva. Se passeio, por exemplo, na região basca espanhola, posso constatar, sem dúvida nenhuma, uma unidade arquitetural nas casas, um estilo comum, que me obriga a reconhecer a casa basca como um produto étnico determinado. No entanto, não me sinto afetado pessoalmente nem, por assim dizer, atacado por este estilo unitário: constato, claramente, que já existia antes de mim, sem mim; é um produto completo, cujas determinações se situam ao nível de uma vasta história: ele não se dirige a mim, não me provoca, forçando-me a nomeá-lo, salvo se tencionar inseri-lo num amplo quadro do *habitat* rural. Mas se eu estiver na região parisiense e vir no fim da

Rua Gambetta ou da Rua Jean Jaurès um lindo chalé branco com telhas vermelhas, madeiras escuras, águas do telhado assimétricas e com a fachada coberta de estacaria, tenho a sensação de estar recebendo um convite imperioso, pessoal, para nomear esse objeto, defini-lo como chalé basco: e mais, para ver nele a própria essência da *basquidade*. É que, aqui, o conceito manifesta-se em toda a sua apropriação: vem até mim para me obrigar a reconhecer o corpo de intenções que o motivou e o colocou aí como sinal de uma história individual, como uma confidência e uma cumplicidade: é um verdadeiro apelo que os proprietários do chalé me dirigem. E este apelo, para se tornar mais imperativo, consentiu todos os empobrecimentos: tudo o que justificava a casa basca na ordem da tecnologia: a granja, a escada exterior, o pombal, etc., tudo isso desapareceu: permaneceu apenas um sinal breve, indiscutível. E o apelo ao homem é tão franco que tenho a sensação deste chalé ter sido criado neste instante, *para mim*, como um objeto mágico surgindo no meu presente, sem nenhum rasto da história que o produziu.

Pois esta fala interpelativa é simultaneamente uma fala petrificada: no momento em que me atinge, suspende-se, gira sobre si própria, e *recupera* uma generalidade: fica transida, pura, inocente. A apropriação do conceito é assim, de repente, afastada pela literalidade do sentido físico e judiciário do termo: a imperialidade francesa condena o negro que faz a saudação militar a não ser nada mais do que um significante instrumental, o negro interpela-me em nome da imperialidade francesa; mas, ao mesmo tempo, a saudação militar do negro torna-se espessa, vitrificada, petrificada num considerando eterno, destinado a *fundar* a imperialidade francesa. À superfície da linguagem, algo se imobiliza: o uso da significação está escondido sob o fato, dando-lhe um ar notificador; mas, simultaneamente, o fato paralisa a intenção, impõe-lhe como que uma inconfortável imobilidade: para a inocentar, gela-a. É que o mito é uma fala *roubada e restituída*. Simplesmente, a fala que se restitui não é exatamente a mesma que foi roubada: trazida de volta, não foi colocada no seu lugar exato. É esse breve roubo, esse momento furtivo de falsificação, que constitui o aspecto transido da fala mítica.

Falta examinar um último elemento da significação: a sua motivação. Sabe-se que, na língua, o signo é arbitrário: nada obriga "naturalmente" a imagem acústica *árvore* a significar o conceito *árvore*: o signo, neste caso, é imotivado. No entanto, este arbitrário tem limites que derivam das relações associativas da palavra: a língua pode produzir um fragmento do signo por analogia com outros signos (por exemplo, diz-se *aimable* e não *amable*, por analogia com *aime*). Quanto à significação mítica, não é nunca completamente arbitrária, é sempre em parte motivada, contém fatalmente uma parte de analogia. Para que a exemplaridade latina coincida com a denominação do leão, uma analogia é necessária: a concordância do atributo; para que a imperialidade francesa se apodere do negro que faz a saudação militar do negro e a saudação militar do soldado francês. A motivação é necessária à própria duplicidade do mito; o mito joga com a analogia do sentido e da forma: não existe mito sem forma motivada. Para nos apercebermos do poder de motivação do mito, basta refletirmos um pouco sobre um caso extremo: tenho diante de mim uma coleção de objetos, tão desordenada que não consigo descobrir-lhe nenhum *sentido*; poderia parecer que, neste caso, privada de sentido prévio, a forma não pudesse enraizar em nenhum lugar a sua analogia e que o mito fosse impossível. Mas o que a forma pode sempre, pelo menos, oferecer à interpretação é a própria desordem: pode conferir uma significação ao absurdo, fazer do absurdo um mito. É o que se passa quando o senso comum mitifica o surrealismo, por exemplo: mesmo a ausência de motivação não chega para impedir a constituição do mito; pois esta própria ausência será suficientemente objetivada para se tornar visível; e finalmente, a ausência de motivação transformar-se-á numa motivação segunda, e o mito será restabelecido.

A motivação é fatal. No entanto, não deixa de ser muito fragmentária. Para começar, não é "natural": é a história que fornece à forma as suas analogias. Por outro lado, a analogia entre o sentido e o conceito é sempre apenas parcial: a forma renuncia a muitos análogos, conservando apenas alguns: conserva o telhado inclinado, as vigas aparentes do chalé basco, abandona a escada, a granja, a pátina, etc. Devemos mesmo ir mais longe: uma imagem *total* excluiria o mito ou, pelo menos, obrigá-lo-ia a considerá-la apenas na sua totalidade: este último caso é o da má pintura, toda ela baseada no mito do "cheio" do "acabado" (é o caso inverso, mas simétrico, do mito do absurdo, onde a forma mitifica uma "ausência"; no caso da pintura, mitifica um excesso de presença). Mas em geral, o mito prefere trabalhar com imagens pobres, incompletas, onde o sentido está já diminuído, disponível para uma significação: caricaturas, pastiches, símbolos, etc. Finalmente, a motivação é escolhida entre várias possibilidades: posso dar à imperialidade francesa muitos outros significantes, além da saudação militar de um negro: um general francês condecora um senegalês maneta, uma freira oferece uma tisana a um negro doente, um professor branco dá aula a jovens negrinhos atentos: a imprensa encarrega-se de demonstrar todos os dias que a reserva dos significantes míticos é inesgotável.

Há, aliás, uma comparação que pode exemplificar a significação mítica: ela não é nem mais nem menos arbitrária do que um ideograma. O mito é um sistema ideográfico puro onde as formas são ainda motivadas pelo conceito que representam, sem no entanto cobrirem a totalidade representativa desse conceito. E assim como, historicamente, o ideograma abandonou progressivamente o conceito para se associar ao som, tornando-se assim cada vez mais imotivado, assim a usura de um mito se reconhece pelo arbitrário da sua significação: Molière inteiro num "colarinho" de médico.

Leitura e decifração do mito

Como é que o mito é recebido? Torna-se necessário voltar uma vez mais à duplicidade do seu significante, simultaneamente sentido e forma. Conforme eu focalizar um, ou outro, ou os dois termos simultaneamente, produzirei três tipos difernetes de leitura.

1. Se focalizar o significante vazio, deixo o conceito preencher a forma do mito sem ambigüidade e encontro-me perante um sistema simples, onde a significação volta a ser literal: o negro que faz a saudação militar é um *exemplo* da imperialidade francesa, é o seu *símbolo.* Este modo de focalizar é, por exemplo, a do produtor de mitos, do redator de imprensa que parte de um conceito e procura uma forma para esse conceito[9].

2. Se focalizar um significante pleno, no qual distingo claramente o sentido da forma e, portanto, a deformação que um provoca no outro, destruo a significação do mito, recebo-o como uma impostura: o negro que faz a saudação militar transforma-se no *álibi* da imperialidade

francesa. Este tipo de focalização é a do mitólogo que decifra o mito e compreende uma deformação.

3. Enfim, se eu focalizar o significante do mito, enquanto totalidade inextricável de sentido e forma, recebo uma significação ambígua; reajo de acordo com o mecanismo constitutivo do mito, com a sua dinâmica própria, transformo-me no leitor do mito. O negro que faz a saudação militar deixa de ser exemplo, símbolo e, menos ainda álibi: é a própria *presença* da imperialidade francesa.

As duas primeiras focalizações são de ordem estática, analítica; destroem o mito, quer revelando a sua intenção, quer desmascarando-a: a primeira é cínica, a segunda é desmistificadora. A terceira focalização é dinâmica, consome o mito segundo os próprios fins da sua estrutura: o leitor vive o mito como um história simultaneamente verdadeira e irreal.

Se quisermos relacionar o esquema mítico com uma história geral, explicar como corresponde ao interesse de uma sociedade definida, em suma, passar da semiologia à ideologia, é evidentemente ao nível da terceira focalização que precisamos colocar-nos: é o próprio leitor dos mitos que deve revelar a função essencial destes últimos. Como é que, *hoje*, ele acolhe o mito? Se o acolhe inocentemente, que interesse há em proporlho? E se o lê de um modo refletido, tal como o mitólogo, que importa o álibi apresentado? Se o leitor do mito não vê a imperialidade francesa no negro fazendo a saudação militar, é inútil sobrecarregá-lo com ela; e se vê, o mito não é nada mais do que uma proposição política leamente enunciada. Numa palavra, ou a intenção do mito é demasiado obscura para ser eficaz, ou é demasiado clara para que se acredite nela. Em ambos os casos, onde está a ambigüidade?

Isto não passa de uma falsa alternativa. O mito não esconde nada e nada ostenta também: deforma; o mito não é nem uma mentira nem uma confissão: é uma inflexão. Colocado perante a alternativa de que falava há pouco, o mito encontra uma terceira saída. Ameaçado de desaparecer, se ceder a uma ou a outra das duas primeiras focalizações, resolve o dilema através de um compromisso, ele é esse compromisso: encarregado de "transmitir" um conceito intencional, o mito só encontra traição na linguagem, pois a linguagem ou elimina o conceito, escondendo-o, ou o desmascara, dizendo-o. A elaboração de um *segundo* sistema semiológico vai permitir que o mito escape ao dilema: obrigado a revelar ou a liquidar o conceito, *naturaliza-o*.

Atingimos assim o próprio princípio do mito: transforma a história em natureza. Compreende-se agora por que, *aos olhos do consumidor de mitos*, a intenção, o apelo dirigido ao homem pelo conceito, pode permanecer manifesto sem no entanto parecer interessado: a causa que faz com que a fala mítica seja proferida é perfeitamente explícita, mas é imediatamente petrificada numa natureza; não é lida como móbil mas como razão; se eu ler o negro fazendo a saudação militar como símbolo puro e simples da imperialidade, preciso renunciar à realidade da imagem; para mim, ela desacredita-se, transformandose em instrumento. Inversamente, se decifro a saudação militar do negro como álibi da colonização, elimino ainda mais radicalmente o mito, evidenciando o seu móbil. Mas para o leitor do mito, a saída é totalmente diferente: tudo se passa como se a imagem provocasse *naturalmente* o conceito, como se o significante *criasse* o significado: o mito existe a partir do momento preciso em que a imperialidade francesa adquire um estatuto natural: o mito é uma fala *excessivamente* justificada.

Eis um novo exemplo que fará com que se compreenda claramente como o leitor do mito é levado a racionalizar o significado pelo significante. Estamos em julho, e leio em grandes letras no *France-Soir*: *Preços: Começam a ceder. Legumes: Primeira baixa*. Estabeleçamos rapidamente o esquema semiológico: o exemplo é uma frase, o primeiro sistema é puramente lingüístico. O significante do segundo sistema é constituído, neste caso, por um certo número de acidentes léxicos [as palavras: *primeira, começam, a (baixa)]*; ou tipográficos — enormes letras de manchete onde o leitor recebe habitualmente as notícias capitais do mundo. O significado ou conceito é o que temos de denominar através de um neologismo bárbaro mas inevitável: a *governalidade*, o Governo considerado pela grande imprensa como Essência da eficácia. A significação do mito decorre daí claramente: os preços das frutas e dos legumes baixam *porque* o governo assim o decidiu. Ora, acontece, caso raro na verdade, que o próprio jornal, seja por suficiência, seja por honestidade, desmonta, duas linhas abaixo, o mito que acabara de elaborar, acrescentando em caracteres modestos, é certo: "a baixa é facilitada pelo regresso à abundância dos produtos da estação." Este exemplo é instrutivo por duas razões. Para começar, o caráter impressivo do mito é imediatamente perceptível: o que se espera dele é um efeito imediato: pouco importa se em seguida o mito é desmontado, presume-se que a sua ação é mais forte do que as explicações racionais que podem pouco depois desmenti-lo. Quer isto dizer que a leitura do mito se esgota de uma só vez. Dou uma olhada rápida no *France-Soir* do meu vizinho: só apreendo um *sentido*, mas leio uma verdadeira significação: *recebo* a presença da ação governamental na baixa do preço das frutas e dos legumes. E é tudo, e é suficiente. Uma leitura mais profunda do mito não aumentará absolutamente nem a sua potência nem o seu fracasso: o mito é simultaneamente imperfectível e indiscutível: o tempo e o saber nada lhe podem acrescentar ou subtrair. E além disso, a naturalização do conceito que acabo de colocar como função essencial do mito, é aqui exemplar: num sistema primeiro (exclusivamente lingüístico) a causalidade seria, ao pé da letra, natural: frutas e legumes baixam de preço devido à estação (que os produz em abundância). No sistema segundo (mítico), a causalidade é artificial, falsa, mas consegue, de certo modo, imiscuir-se no domínio da Natureza. É por isso que o mito é vivido como uma fala inocente: não que as suas intenções estejam escondidas: se o estivessem, não poderiam ser eficazes; mas porque elas são naturalizadas.

Na realidade, aquilo que permite ao leitor consumir o mito inocentemente é o fato de ele não ver no mito um sistema semiológico, mas sim um sistema indutivo: onde existe apenas uma equivalência, ele vê uma espécie de processo causal: o significante e o significado mantêm, para ele, relações naturais. Pode exprimir-se esta confusão de um outro modo: todo o sistema semiológico é um sistema de valores; ora, o consumidor do mito considera a significação como um sistema de fatos: o mito é lido como um sistema fatual, quando é apenas um sistema semiológico.

O mito como linguagem roubada

Qual é a função específica do mito? Transformar um sentido em forma. Isto é, o mito é sempre um roubo de linguagem. Eu roubo o negro que faz a saudação militar, o chalé branco e marrom, a baixa do preço das frutas na estação, não para transformá-los em exemplos ou símbolos, mas para, através deles, neutralizar o império, o meu gosto pelas coisas bascas, o governo. Toda a linguagem primeira é fatalmente cativa do mito? Não existe nenhum sentido que possa resistir a esta captura, cuja forma o ameaça? De fato, nada pode proteger-se do mito; o mito pode desenvolver o seu esquema segundo a partir de qualquer sentido, não importa qual, e, já o vimos, a partir da própria privação de sentido. Mas nem todas as linguagens resistem do mesmo modo.

A língua, que é a linguagem mais freqüentemente roubada pelo mito, oferece fraca resistência. Ela própria contém certas predisposições míticas, o esboço de um aparelho de signos destinados a manifestar a intenção com que é utilizada; é aquilo a que poderíamos chamar a *expressividade* da língua: os modos imperativo ou subjuntivo, por exemplo, são a forma de um significado particular, diferente do sentido: o sentido é aqui a minha vontade, ou a minha súplica. É por isso que alguns lingüistas definiram o indicativo, por exemplo, como um estado ou grau zero, face ao subjuntivo e ao imperativo. Ora, no mito plenamente constituído, o sentido nunca está no grau zero, e é por isso que o conceito pode deformá-lo, naturalizá-lo. É preciso recordar uma vez mais que a privação de sentido não é absolutamente um grau zero: eis porque o mito pode facilmente apoderar-se dela dando-lhe, por exemplo, a significação do absurdo, do surrealismo, etc. No fundo, só o grau zero poderia resistir ao mito.

A língua presta-se ao mito de um outro modo: é muito raro que ela imponha desde o início um sentido pleno, indeformável. Isto provém da abstração do seu conceito: o conceito *árvore* é vago, presta-se a múltiplas contingências. Sem dúvida que a língua dispõe de todo um aparelho apropriativo *(esta árvore, a árvore que,* etc.); mas em volta do sentido final permanece sempre uma espessura virtual onde flutuam outros sentidos possíveis: o sentido pode, quase constantemente, ser *interpretado*. Poder-se-ia dizer que a língua propõe ao mito um sentido aberto. O mito pode facilmente insinuar-se, crescer dentro do sentido: é um roubo por colonização (por exemplo: *a* baixa dos preços começa. Mas qual baixa? A da estação ou a do governo? A significação torna-se aqui parasita do artigo, que no entanto é definido.)

Quando o sentido está repleto e o mito não pode invadi-lo, transforma-o e rouba-o totalmente. É o que se passa com a linguagem matemática. Em si, é uma linguagem indeformável, que tomou todas as precauções possíveis contra a *interpretação*; nenhuma significação parasita pode assim insinuar-se nela. Eis a razão precisa pela qual o mito se apodera dessa linguagem em bloco; apodera-se, por exemplo, de uma determinada fórmula matemática ($E = mc^2$), e transforma este sentido inalterável no significante puro da matematicidade. Como se vê, neste caso, o mito rouba uma resistência, uma pureza. O mito pode atingir tudo, tudo corromper, até o próprio movimento que se lhe opõe, de modo que quanto mais a linguagem-objeto resiste no início, tanto maior é a sua prostituição final: quem resiste totalmente cede totalmente: Einstein de um lado, o *Paris Match* do outro. Pode-se apresentar este conflito através de uma imagem temporal: a linguagem matemática é uma linguagem *acabada*, e que extrai a sua própria perfeição dessa morte consentida; o mito é, pelo contrário, uma linguagem que não quer morrer: arranca aos sentidos, de que se alimenta, uma sobrevivência insidiosa, degradada, provoca neles um adiamento da morte, artificial, no qual se instala à vontade, faz deles cadáveres falantes.

Eis uma outra linguagem que resiste tanto quanto possível ao mito: a nossa língua poética. A poesia contemporânea é *um sistema semiológico regressivo*. Enquanto o mito visa a uma ultra-significação, a ampliação de um sistema primeiro, a poesia, pelo contrário, tenta recuperar uma infra-significação, um estado pré-semiológico da linguagem: em suma, esforça-se por retransformar o signo em sentido: o seu ideal — tendencial — seria atingir não o sentido das palavras, mas o sentido das próprias coisas. É por isso que ela perturba a língua, aumenta o mais que pode a abstração do conceito e o arbitrário do signo, e distende até os limites do possível a relação entre o significante e o significado; a estrutura "fluida" do conceito é assim explorada ao máximo: ao contrário da prosa, é todo o potencial do significado que o signo poético procura tornar presente, na esperança de atingir assim uma espécie de qualidade transcendente da coisa, o seu sentido natural (e não humano). Daí as ambições essencialistas da poesia, a convicção de que só ela apreende a coisa em si, na medida, precisamente, em que pretende ser uma antilinguagem. Em suma, de todos os utentes do discurso, os poetas são os menos formalistas, pois só eles crêem que o sentido das palavras é apenas uma forma com a qual o seu realismo não poderia jamais contentar-se. É por isso que a nossa poesia moderna se afirma sempre como um assassinato da linguagem, uma espécie de análogo espacial, sensível, do silêncio. A poesia ocupa a posição inversa do mito: o mito é um sistema semiológico que pretende superar-se para se tornar um sistema fatual; a poesia é um sistema semiológico que pretende retrair-se e ser um sistema essencial.

Mas aqui, ainda, tal como no caso da linguagem matemática, é a própria resistência da poesia que faz dela uma presa ideal do mito: a desordem aparente dos signos, face poética de uma desordem essencial, é capturada pelo mito, transformada em significante vazio, que vai servir para *significar* a poesia. Isto explica o caráter *improvável* da poesia moderna: recusando energeticamente o mito, a poesia entrega-se a ele de mãos e pés ligados. A *regra* da poesia clássica constituía, pelo contrário, um mito consentido, cujo caráter claramente arbitrário formava uma certa perfeição, visto que o equilíbrio de um sistema semiológico provém do arbitrário dos seus signos.

O aquiescer voluntariamente ao mito pode aliás definir toda a nossa Literatura tradicional: normativamente, esta Literatura é um sistema mítico caracterizado: existe um sentido, o do discurso; um significante, que é esse mesmo discurso como forma ou escrita; um significado, que é o conceito de Literatura; uma significação, que é o discurso literário. Abordei este problema em O *grau zero da escrita*, que afinal era apenas uma mitologia da linguagem literária. Definia aí a escrita como significante do mito literário, isto é, como forma já repleta de sentido e que recebe do conceito de Literatura uma significação nova. Sugeri que a história, modificando a consciência do escritor, tinha provocado, há aproximadamente cem anos, uma crise moral da linguagem literária: a escrita revelou-se como significante, a Literatura como significação: rejeitando a falsa natureza da linguagem literária tradicional, o escritor deportou-se violentamente para um antinatureza da linguagem. A subversão da escrita foi o ato radical pelo qual um certo número de escritores tentou negar a literatura como sistema mítico. Cada uma das suas revoltas foi um assassinato da Literatura como significação: todas postularam a redução do discurso literário a um sistema semiológico simples, ou mesmo, no caso da poesia, a um sistema pré-semiológico: era uma tarefa imensa, que exigia comportamentos radicais: como se sabe, alguns foram até a eliminação pura e simples do discurso; o silêncio, real ou transposto, manifestando-se como única arma possível contra o poder maior do mito: a sua recorrência.

Parece, portanto, extremamente difícil reduzir o mito pelo interior, pois o próprio movimento de libertação fica por sua vez cativo do mito: o mito pode sempre, em última instância, significar a resistência que se lhe opõe. Para dizer a verdade, a melhor arma contra o mito é talvez mitificá-lo a ele próprio, é produzir um *mito artificial*: e este mito reconstituído será uma verdadeira mitologia. Visto que o mito rouba linguagem, por que não roubá-lo também? Bastará, para isso, colocá-lo como ponto de partida de uma terceira cadeia semiológica, considerar a sua significação como primeiro termo de um segundo mito. A Literatura oferece alguns grandes exemplos dessas semiologias artificiais. Considerai aqui o *Bouvard et Pécuchet* de Flaubert. É o que se poderia chamar um mito experimental, um mito em segundo grau. Bouvard e o seu amigo Pécuchet representam uma certa burguesia (aliás, em conflito com outras camadas burguesas): os seus discursos *já* constituem uma fala mítica: a língua tem aí, sem dúvida, um sentido, mas este sentido é a forma vazia de um significado conceitual, que é aqui uma espécie de insaciedade tecnológica: o encontro do sentido e do conceito forma, neste primeiro sistema mítico, uma significação que é a retórica de Bouvard e Pécuchet. É aqui (decomponho porque a análise o exige) que Flaubert intervém: a este primeiro sistema mítico, que já é um segundo sistema semiológico, ele sobrepõe uma terceira cadeia, na qual o primeiro elo é constituído pela significação, ou termo final do primeiro mito: a retórica de Bouvard e Pécuchet transforma-se assim na forma do novo sistema; o conceito é aqui produzido pelo próprio Flaubert, pelo olhar de Flaubert que incide sobre o mito construído por Bouvard e Pécuchet: o conceito é, portanto, a veleidade constitutiva dos dois personagens, a sua insaciabilidade, a alternância pânica dos seus aprendizados; em suma, aquilo a que gostaria de poder chamar (mas já sinto a tempestade no horizonte): a bouvard-e-pécuchet-idade. Quanto à significação final, é a obra, é *Bouvard et Pécuchet* para nós. O poder do segundo mito provém da sua capacidade de instituir o primeiro como ingenuidade observada. Flaubert dedicou-se a uma verdadeira restauração arqueológica de uma fala mítica: é o Viollet-le-Duc de uma certa ideologia burguesa. Mas, menos ingênuo que Viollet-le-Duc, dispôs na sua reconstituição ornamentos suplementares que a desmistificam; estes ornamentos (que constituem a forma do segundo mito) são de ordem subjuntiva: existe uma equivalência semiológica entre a restituição subjuntiva dos discursos de Bouvard e Pécuchet e as suas veleidades.

O mérito de Flaubert (e de todas as mitologias artificiais, de que a obra de Sartre contém exemplos notáveis) é ter dado ao problema do realismo uma solução francamente semiológica, pois a ideologia de Flaubert, para quem o burguês era apenas um horror estético, nada teve de realista. Mas, pelo menos, evitou o pecado maior em literatura que consiste na confusão entre o real ideológico e o real semiológico. Como ideologia, o realismo literário não depende, de modo nenhum, da língua falada pelo escritor. A língua é uma forma, não pode nunca ser nem realista nem irrealista. Pode apenas ser mítica, ou não, ou ainda, como em *Bouvard et Pécuchet*, contramítica. Ora, não existe infelizmente nenhuma antipatia entre o realismo e o mito. Bem sabemos que, muito freqüentemente, a nossa literatura "realista" é mítica (nem que seja como mito grosseiro do realismo), e que a nossa literatura "irrealista" tem, pelo menos, o mérito de o ser pouco. O sensato seria, evidentemente, definir o mérito de o ser pouco. O sensato seria, evidentemente, definir o realismo do escritor como um problema essencialmente ideológico. Isto não quer dizer, evidentemente, que não haja uma responsabilidade da forma em relação ao real. Mas esta responsabilidade só pode ser julgada (visto que há processo) como significação, não como expressão. A linguagem do escritor não está encarregada de *representar* o real, mas de o significar. Isto deveria impor à crítica a obrigação de utilizar dois métodos rigorosamente distintos: é preciso tratar o realismo do escritor ou como uma substância ideológica (por exemplo, os temas marxistas na obra de Brecht), ou como um valor semiológico (os objetos, o ator, a música, as cores na dramaturgia brechtiana). O ideal seria evidentemente conjugar estas duas críticas, o erro constante é confundi-las: a ideologia tem os seus métodos, a semiologia os dela.

O mito é uma fala despolitizada

E é aqui que voltamos a encontrar o mito. A semiologia ensinou-nos que a função do mito é transformar uma intenção histórica em natureza, uma contingência em eternidade. Ora, este processo é o próprio processo da ideologia burguesa. Se a nossa sociedade é objetivamente o campo privilegiado das significações míticas, é porque o mito é formalmente o instrumento mais apropriado para a inversão ideológica que a define: a todos os níveis da comunicação humana, o mito realiza a inversão da *anti-physis* em *pseudo-physis.*

O que o mundo fornece ao mito é um real histórico, definido, por mais longe que se recue no tempo, pela maneira como os homens o produziram ou utilizaram; e o que o mito restitui é uma imagem *natural* deste real. E, do mesmo modo que a ideologia burguesa se define pela deserção do nome burguês, o mito é constituído pela eliminação da qualidade histórica das coisas; nele, as coisas perdem a lembrança da sua produção. O mundo penetra na linguagem como uma relação dialética de atividades, de atos humanos: sai do mito como um quadro harmonioso de essências. Uma prestidigitação inverteu o real, esvaziou-o de história e encheu-o de natureza, retirou às coisas o seu sentido humano, de modo a fazê-las significar uma insignificância humana. A função do mito é evacuar o real: literalmente, o mito é um escoamento incessante, uma hemorragia, ou, se se prefere, uma evaporação; em suma, uma ausência sensível.

É possível completar agora a definição semiológica do mito na sociedade burguesa: *o mito é uma fala despolitizada.* Naturalmente, é necessário entender: *política* no sentido profundo, como conjunto das relações humanas na sua estrutura real, social, no seu poder de construção do mundo; é sobretudo necessário conferir um valor ativo ao sufixo *des*: ele representa aqui um movimento operatório, atualiza incessantemente uma deserção. No caso do negro-soldado, por exemplo, o que é evacuado não é evidentemente a imperialidade francesa (muito pelo contrário, é precisamente ela que é necessário tornar presente); mas a qualidade contingente, histórica, isto é, *fabricada*, do colonialismo. O mito não nega as coisas; a sua função é, pelo contrário, falar delas; simplesmente, purifica-as, inocenta-as, fundamenta-as em natureza e em eternidade, dá-lhes uma clareza, não de explicação, mas de constatação: se *constato* a imperialidade francesa sem explicá-la, pouco falta para que a ache normal, *decorrente da natureza das coisas*: fico tranqüilo. Passando da história à natureza, o mito faz uma economia: abole a complexidade dos atos humanos, confere-lhes a simplicidade das essências, suprime toda e qualquer dialética, qualquer elevação para lá do visível imediato, organiza um mundo sem contradições, porque sem profundeza, um mundo plano que se ostenta em sua evidência, cria uma clareza feliz: as coisas parecem significar sozinhas, por elas próprias.

Mas então o mito é sempre uma fala despolitizada? Ou, de outra forma, o real é sempre político? Basta falar naturalmente de uma coisa para que esta se torne mítica? Seria possível responder, com Marx, que o objeto mais natural contém, por mais fraco, por mais dissipado que seja, um rasto político, a presença mais ou menos memorável do ato humano que o produziu, organizou, utilizou, submeteu ou rejeitou. Este vestígio político, a linguagem objeto, que fala *as coisas*, pode manifestá-lo facilmente; com muito menos facilidade o fará a metalinguagem, que fala *das* coisas. Ora, o mito é sempre metalinguagem: a despolitização que ele opera intervém freqüentemente num fundo já naturalizado, despolitizado por uma metalinguagem: a despolitização que ele opera intervém freqüentemente num fundo já naturalizado, despolitizado por uma metalinguagem geral, domesticada para *cantar* as coisas, e não mais para *agi-las*: evidentemente, a força necessária ao mito para deformar o seu objeto é muito menor quando se trata de uma árvore, do que quando se trata de um sudanês: neste último caso, a carga política está bem próxima, é preciso uma grande quantidade de natureza artificial para evaporá-la; no caso da árvore, a carga política é longínqua, purificada por toda uma espessura secular de metalinguagem. Existem, portanto, mitos fortes e mitos fracos; nos primeiros, o *quantum* político é imediato, a despolitização, abrupta; nos segundos, a qualidade política do objeto *desbotou*, como uma cor, mas um acidente mínimo pode revigorá-la brutalmente: haverá algo mais *natural* que o mar? E algo mais "político" que o mar cantado pelos cineastas de *Continente perdido?*

Na realidade, a metalinguagem constitui para o mito uma espécie de reserva. Os homens não mantêm com o mito relações de verdade, mas sim de utilização: despolitizam segundo as suas necessidades; existem objetos míticos que são postos de lado, entregues ao sono, por uns tempos; são então apenas vagos esquemas míticos, cuja carga política parece quase indiferente, trata-se unicamente de uma oportunidade de situação, e não de uma diferença de estrutura. É o caso do nosso exemplo de gramática latina. É preciso notar que, aqui, a fala mítica age sobre uma matéria já transformada há muito: a frase de Esopo pertence à literatura, já está inicialmente mitificada (logo, inocentada) pela ficção. Mas basta restituir por um instante o termo inicial da cadeia à sua natureza de linguagem-objeto, para poder avaliar a evacuação do real operada pelo mito: imaginem-se os sentimentos de uma sociedade *real* de animais transformada em exemplo de gramática, em natureza atributiva! Para avaliar a carga política de um objeto, e o vazio mítico que o acompanha, nunca devemos nos colocar no ponto de vista da significação, mas sim no ponto de vista do significante, isto é, da coisa roubada e, dentro do significante, no ponto de vista da linguagem-objeto, isto é, do sentido: não há dúvida de que, se se consultasse um leão *real*, ele afirmaria que o exemplo de gramática é um estado *fortemente* despolitizado; reivindicaria como plenamente *política* a jurisprudência que faz com que ele se atribua a si próprio a totalidade de uma presa, apenas por ser o mais forte, a menos que se tratasse de um leão burguês que, certamente, mitificaria a sua força conferindo-lhe a forma de um dever.

Fica claro, portanto, que a insignificância política do mito deriva da sua situação. O mito, como se sabe, é um valor: basta modificar o que rodeia, o sistema geral (e precário) no qual se insere, para poder determinar com exatidão o seu alcance. Neste caso, o campo de ação do mito está reduzido a uma classe de segundo ano de ginásio de um liceu francês. Mas suponho que uma criança, *cativada* pela história do leão, da vitela e da vaca, recuperando através de sua vida imaginária a própria realidade desses animais, apreciaria com muito menos desenvoltura do que nós o desaparecimento deste leão transformado em atributo. De fato, se consideramos este mito politicamente insignificante, é porque, muito simplesmente, não foi feito para nós.

Necessidade e limites da mitologia

Para terminar, é necessário

dizer algumas palavras sobre o próprio mitólogo. O termo é pomposo, e confiante. No entanto, é possível prever que o mitólogo, se algum dia existir, terá de enfrentar certas dificuldades, senão de método, pelo menos de sentimento. Sem dúvida, sentir-se-á facilmente justificado: quaisquer que sejam as suas hesitações, pode estar certo de que a mitologia participa de um construir do mundo; tomando como ponto de partida permanente a constatação de que o homem da sociedade burguesa se encontra, a cada instante, imerso numa falsa Natureza, a mitologia tenta recuperar, sob as inocências da vida relacional mais ingênua, a profunda alienação que essas inocências têm por função camuflar. Esse desvendar de uma alienação é, portanto, um ato político: baseada numa concepção responsável da linguagem, a mitologia postula desse modo a liberdade dessa linguagem. É indubitável que, nesse sentido, a mitologia é uma *concordância* com o mundo, não tal como ele é, mas tal como pretende sê-lo (Brecht utilizava para designar essa concordância uma palavra eficazmente ambígua: *Einverstandnis,* simultaneamente inteligência do real e cumplicidade com ele).

Essa concordância da mitologia justifica o mitólogo, mas não o satisfaz: o seu estatuto profundo permanece um estatuto de exclusão. Justificado pela dimensão política, na realidade o mitólogo vive afastado dela. A sua fala é uma metalinguagem, não age nada; não faz mais do que revelar e, mesmo assim, para quem? A sua tarefa permanece ainda ambígua, embaraçada pela sua origem ética. O mitólogo só pode viver a ação revolucionária por procuração: daí o caráter "emprestado" de sua função, algo ligeiramente rígido e aplicado, o caráter de rascunho excessivamente simplificado, que define todo o comportamento intelectual baseado abertamente em política (as literaturas "desengajadas" são infinitamente mais "elegantes", a metalinguagem é, para elas, o lugar adequado).

E, além disso, o mitólogo exclui-se de todos os consumidores de mito, e não é pouca coisa. Quando se trata de um público determinado, particular, ainda vai. Mas quando o mito atinge a coletividade inteira, se o mitólogo pretende libertar o mito, precisa afastar-se de toda a comunidade. Todo mito um pouco generalizado é efetivamente ambíguo, porque representa a própria humanidade daqueles que, não tendo nada, "pediram-no emprestado." Decifrar a Volta da França e o bom vinho francês é abstrair-se dos que com eles se distraem e se esquecem. O mitólogo está condenado a viver uma socialidade teórica; para ele, ser social é, na melhor das hipóteses, ser autêntico: a sua maior socialidade reside na sua maior moralidade. A sua relação com o mundo é de ordem sarcástica.

É preciso ir mais longe ainda: num certo sentido, o mitólogo é excluído da história, em nome de quem, precisamente, pretende agir. A destruição que ele introduz na linguagem coletiva é, para ele, absoluta, preenche inteiramente a sua função: tem de vivê-la sem esperanças de compensação, sem pressupor um pagamento. É-lhe proibido imaginar o que será sensivelmente o mundo quando o objeto imediato da sua crítica tiver desaparecido; a utopia é, para ele, um luxo impossível: duvida sempre que as verdades de amanhã sejam exatamente o oposto das mentiras de hoje. A história não garante nunca o triunfo puro e simples de um contrário sobre o seu contrário: ela revela, assim, soluções inimagináveis, sínteses imprevisíveis. O mitólogo não está sequer na situação de Moisés: não vê a Terra Prometida. Para ele, a positividade de amanhã está inteiramente oculta sob a negatividade de hoje; todos os valores do seu empreendimento se lhe apresentam como atos de destruição: os primeiros ficam inteiramente cobertos pelos segundos, não sobra nada. Esta percepção subjetiva da história em que o poderoso germe do futuro é *apenas* o apocalipse profundo do presente, Saint-Just exprimiu-a com uma frase estranha: "O que constitui a República é a total destruição daquilo que se lhe opõe." Penso que isto não deve ser entendido no sentido banal de "é preciso limpar o terreno antes de reconstruir." A cópula tem aqui um significado exaustivo: existe para um determinado homem uma noite subjetiva da história, onde o futuro se transforma em essência, em destruição essencial do passado.

Uma última exclusão ameaça o mitólogo: corre o risco de fazer desaparecer o real que ele pretende proteger. Fora de qualquer discurso, a D.S. 19 é um objeto tecnologicamente definido: atinge certa velocidade, afronta o vento de certa maneira, etc. E o mitólogo não pode falar esse real. O mecânico, o engenheiro, o próprio utente *falam* o objeto; o mitólogo está condenado à metalinguagem. Esta exclusão já tem um nome: é o que se chama o ideologismo. O zdanovismo condenou-o vivamente (sem, aliás, provar que ele seja, *por enquanto*, evitável) no primeiro Lukàcs, na Lingüística de Marr, em trabalhos como os de Bénichou, de Goldmann, opondo-lhe as reservas de um real inacessível à ideologia, como a linguagem, segundo Stalin. É certo que o ideologismo resolve a contradição do real alienado através de uma amputação, e não de uma síntese (mas o zdanovismo, esse nem sequer a resolve): o vinho é objetivamente bom e, *simultaneamente*, essa qualidade é um mito: eis a aporia. O mitólogo resolve o problema como pode: ocupa-se da qualidade do vinho, e não do próprio vinho, tal como o historiador se ocupa da ideologia de Pascal, e não dos *Pensamentos* propriamente ditos.

Esta parece ser uma dificuldade de época: hoje em dia, pelo menos por enquanto, só existe uma escolha possível, e essa escolha só pode incidir sobre dois métodos, igualmente excessivos: ou estabelecer a existência de um real inteiramente permeável à história, e "ideologizar"; ou, pelo contrário, estabelecer a existência de um real *finalmente* impenetrável, irredutível e, nesse caso, poetizar. Resumindo, não vejo ainda nenhuma síntese entre a ideologia e a poesia (entendendo por poesia, numa concepção muito lata, a procura do sentido inalienável das coisas).

É, sem dúvida, na exata medida da nossa atual alienação, que não conseguimos ultrapassar uma apreensão instável do real: vogamos incessantemente entre o objeto e a sua desmistificação, incapazes de lhe conferir uma totalidade: pois, se penetramos o objeto, libertamo-lo, mas destruímo-lo; e, se lhe deixamos o seu peso, respeitamo-lo, mas devolvemo-lo ainda mistificado. Parece que estamos condenados, durante certo tempo, a falar *excessivamente* do real. É que, certamente, a ideologia e o seu contrário são comportamentos ainda mágicos, aterrorizados, ofuscados e fascinados pela dilaceração do mundo social. E, no entanto, é isso que devemos procurar: uma reconciliação entre o real e os homens, a descrição e a explicação, o objeto e o saber.

Leitura Recomendada

A essência do conceito clipping *é informar e motivar. Neste último capítulo deste livro* clipping, *apresentamos ao leitor comentários sobre os livros-matrizes, de onde os textos foram extraídos. Geralmente são prefácios ou introduções explicando a obra e sua finalidade.*

O conteúdo dos livros desta coleção é auto-suficiente, mas ao leitor que deseje conhecimentos mais completos, recomendamos a leitura dos livros-fonte — aliás, esta é uma das razões da "invenção" da coleção O Poder do Poder.

A maioria dos livros aqui recomendados encontra-se disponível em livrarias ou nas respectivas editoras.

Tratado de História das Religiões

MIRCEA ELIADE — COSMOS/MARTINS FONTES

Este extraordinário livro de autoria do historiador e professor de História das Religiões na Universidade de Chicago é leitura obrigatória para todos os estudiosos do assunto. Originalmente publicado em Paris (1970) pela Librairie Payot, foi lançado em Lisboa pela Edições Cosmos. No Brasil a obra foi publicada em conjunto pela Livraria Martins Fontes Editora e pela editora de Lisboa, em edição revista e corrigida.

Gorge Dumézil, no final do Prefácio, faz as seguintes considerações:

"Finalmente, este livro presta-nos hoje, em Paris, em França, um serviço especial, pois temos de confessar que, se os historiadores do Cristianismo, do Budismo e, de uma maneira geral, das diversas religiões, são entre nós numerosos, pouquíssimos distintos investigadores (refiro-me aos autênticos investigadores) se dedicam aos estudos comparativos e gerais, quer porque exigem uma preparação mais difícil, quer porque os amadores, alguns muito oficiais, os desacreditaram. Nem por isso esses estudos são menos necessários e ricos de futuro. A Sorbonne todos os anos atribui um 'certificado de história das religiões', com várias especializações, mas, por divertido paradoxo, não possui ensino desta matéria. Esse certificado reduz-se praticamente a provas de filologia, que deseja e torna bem restritas; quanto ao mais, relativamente à 'ciência das religiões' propriamente dita, tal certificado é muito pobre e não tenho a certeza de J. G. Frazer que, além do seu inglês, do francês e do alemão, apenas dispunha do grego e do latim, tivesse sido aprovado na sua especialidade de 'religião dos povos não civilizados.' O que teria sido lamentável."

O próprio autor, ao escrever o seu prefácio, explica as razões que o levaram a elaborar este extenso trabalho literário e de pesquisa:

"O objeto da obra presente é constituído por um duplo problema: 1) *O que é a religião?* 2) Em que medida podemos falar da *história* das religiões? Céticos que somos sobre a utilidade de uma definição preliminar do fenômeno religioso, contentamo-nos em discutir as hierofanias, na acepção mais larga do termo (qualquer coisa que torna manifesto tudo quanto é sagrado). Por conseqüência, só poderemos pôr o problema da *história* das formas religiosas depois de examinarmos um número considerável destas últimas. Uma exposição do fenômeno religioso, que vá do 'simples ao compostos', não nos parece de forma nenhuma indicada se atentarmos nos objetivos estabelecidos para esta pesquisa — referimo-nos a uma exposição que comece pelas hierofanias mais elementares (o *mana*, o insólito, etc...), para passarmos em seguida ao totemismo, ao feiticismo, ao culto da natureza ou dos espíritos, depois aos deuses e aos demônios, e chegarmos finalmente à noção monoteísta de Deus. Tal exposição seria arbitrária; implica uma evolução do fenômeno religioso, do 'simples até o compostos', que não passa de hipótese indemonstrável: em nenhuma parte se encontra uma religião simples, reduzida às hierofanias elementares; por outro lado, essa exposição iria precisamente contra a finalidade proposta, que é a de mostrar o que *são* os fatos de religião e o que eles revelam."

As Estrelas: Mito e Sedução no Cinema

EDGAR MORIN — JOSÉ OLYMPIO

Edgard Morin é (ou foi) Diretor de Pesquisas do Centro Nacional de Pesquisas Científicas. Este seu trabalho — As Estrelas: Mito e Sedução no Cinema — *refere-se à antopologia fundamental e à sociedade contemporânea.*

Luciano Trigo escreve nas "orelhas" do livro o seguinte texto:

O sociológico francês Edgar Morin já definiu a cultura como um sistema que contamina, segundo seus entrelaçamentos, a vida real de imaginário e o imaginário de vida real. Nada mais natural, portanto, que suas pesquisas sobre a cultura de massas o levassem a um estudo aprofundado sobre o cinema, meio de comunicação que serviu, durante todo o século XX, como arena para este comércio simbólico entre fantasia e realidade. Nada mais natural, também, que Morin elegesse como objeto de análise no cinema aquilo que ele apresentou historicamente como a tradução mais completa dessa relação de consumo imaginário: o fenômeno das estrelas.

A idéia de um livro teórico sobre as estrelas do cinema pode despertar dois tipos de prevenção. Aqueles que cresceram amando — ou aprenderam a amar retroativamente — mulheres como Rita Hayworth, Marilyn Monroe ou Brigitte Bardot sabem que o que elas têm de melhor escapa ao registro da razão. Ficariam portanto insatisfeitos com uma abordagem que reduzisse a magia a uma engrenagem da superestrutura ideológica que nos domina, a sedução a um subproduto do desenvolvimento da indústria cultural. Por outro lado, os mais ortodoxos, suspeitando em Morin o cinéfilo inveterado que ele sempre foi, poderiam talvez alimentar a expectativa de um livro alienado, laudatório, cego às determinações econômicas e sociais de qualquer processo da cultura.

Edgar Morin agrada a gregos e troianos. Neste livro, publicado originalmente na França em 1972, ele prova que é possível apreender as estrelas de cinema simultaneamente como mercadoria e como mito — e, de quebra, embalar tudo num texto saborosíssimo. Atento às categorias marxistas de interpretação do real e aos imperativos da lógica capitalista da produção (que, por exemplo, promoveram num determinado momento a fabricação de toda uma cultura para as novas camadas sociais), ele também opera com o lúdico e o mítico, instrumentos indispensáveis para o deciframento dessa outra economia, informal, subterrânea — economia de trocas simbólicas, se quisermos usar o conceito de outro sociólogo francês, Pierre Bourdieu —, que se efetua no escurinho do cinema, entre estrela e público.

Ao mesmo tempo ídolos e mercadorias, divinas e mortais, com uma vida pública-privada que se confunde com a de seus personagens, mulheres totais que podem ser amadas como uma irmã e desejadas como uma amante, as estrelas do cinema dizem muito sobre a nossa sociedade e nosso tempo. A sociologia contemporânea não poderia ignorar este tema; o leitor contemporâneo não pode ignorar este livro.

O Poder do Mito

JOSEPH CAMPBELL / BIL MOYERS — PALAS ATHENA

Este livro é uma jóia literária. É uma obra-prima da literatura espiritual. Nos Estados Unidos, foi publicado pela Doubleday; foi responsável pela sua realização Jacqueline Kennedy Onassis, cujo interesse pelas idéias de Joseph Campbell constituiu o móvel inicial da publicação do livro.

No Brasil, a obra foi publicada pela Associação Palas Athena, com tradução de Carlos Felipe Moisés. Por uma feliz coincidência, o título da obra — O Poder do Mito — é o mesmo que o deste nosso livro da coleção O Poder do Poder. A colidência de nomes é acidental e, a nosso ver, não prejudica nenhuma das obras publicadas.

Sobre a importância do texto de Campbell, os editores brasileiros registram, na primeira "orelha" do livro, as seguintes palavras:

"Dizem que o que todos procuramos é um sentido para a vida. Não penso que seja assim. Penso que o que estamos procurando é uma experiência de estar vivos, de modo que nossas experiências de vida, no plano puramente físico, tenham ressonância no interior do nosso ser e da nossa realidade mais íntimos, de modo que realmente sintamos o enlevo de estar vivo..."

Joseph Campbell

"Nunca encontrei alguém que soubesse contar melhor uma história do que Joseph Campbell. Escutando-o falar sobre as sociedades primitivas, fui transportado às largas planuras sob a imensa cúpula do céu aberto, ou à espessa floresta sob o pálio das árvores, e comecei a entender como as vozes dos deuses falavam através do vento e do trovão, e como o espírito de Deus flutuava em todo riacho da montanha, e toda a terra florescia como um lugar sagrado — o reino da imaginação mítica."

Bill Moyers

Joseph Campbell (1904-1987) foi uma das maiores autoridades no campo da mitologia em nosso século. Pesquisador incansável, professor e escritor, considerava a mitologia "o canto do universo; a música da imaginação inspirada nas energias do corpo", e a ela se dedicou durante toda a sua vida.

O *poder do mito* é o fruto de uma série de conversas mantidas entre ele e o destacado jornalista Bill Moyers, numa brilhante combinação de sabedoria e humor. O casamento, os nascimentos virginais, a trajetória do herói, o sacrifício ritual e até os personagens heróicos do filme *Guerra nas estrelas* são aqui tratados de modo original. Campbell afirmava que os mitos passados nos ajudam a compreender o presente e a nós mesmos.

"Quando a Terra é avistada da Lua, não são visíveis, nela, as divisões em nações ou estados. Isso pode ser, de fato, o símbolo da mitologia futura. Essa é a nação que iremos celebrar, essas são as pessoas às quais nos uniremos."

O Ramo de Ouro

SIR JAMES GEORGE FRAZER — ZAHAR

Em um livro sobre o mito não podíamos deixar de incluir um texto de Sir James George Fraser.

Com uma fundamental Apresentação do antropólogo, político e escritor Darcy Ribeiro, a obra foi publicada no Brasil pela Zahar Editores, em 1982. É um novo resumo da edição em treze volumes de The Golden Bough. *Diz Darcy Ribeiro:*

(...) A obra de Frazer tem hoje o valor de uma grande criação literária. Seu valor científico é equiparável ao das obras de ciência-ficção enquanto especulações imaginosas e até verossímeis sobre temas que a ciência ainda não pode encarar. *O ramo de ouro* é uma ficção erudita sobre o passado humano que se lê sentindo o forte sabor de verdade revelada das antecipações que ousam pensar racionalmente o que é impensável cientificamente.

O próprio Frazer, aliás, estava consciente disso. Sempre apresentou suas conjecturas como meramente plausíveis, tomando o cuidado de assinalar o seu limitado alcance e sua precária validade. Uma de suas idéias brilhantes é a concepção da magia, da religião e da ciência como uma seqüência evolutiva em marcha. Depois de nos dar uma tipologia inspirada dos ritos mágicos, dividindo-os em imitativos e contagiosos, Frazer contrapõe a racionalidade lógica do mágico — confiante na eficácia dos seus ritos como contendo em si mesmos um poder miraculoso — com a perplexidade do sacerdote que apela para deuses arbitrários e imprevisíveis. Enquanto o mágico atua pessoalmente sobre forças imanentes, confiante na regularidade da natureza que a cada causa responde com os mesmos efeitos, o sacerdote, como um burocrata do divino, prostra-se diante de poderes transcendentes aos quais se entrega impotente em orações que querem comover ou em sacrifícios que querem subornar.

Nesta concepção, a magia seria uma forma primeva da ciência que, fracassando por precoce e temporã, deu lugar ao desvario descabelado da conduta religiosa. Com ela a humanidade entraria no carreirão sombrio e sangrento do sacrifício que só pouco a pouco, lentissimamente, se apura e espiritualiza. A solução final viria com a ascensão às concepções e às práticas fundadas na ciência. Na verdade, não há aqui sucessão evolutiva nenhuma. Ontem como hoje, é a conduta mágica que guia o selvagem australiano ou o feiticeiro londrino. Religião e magia, se é que são distinguíveis, coexistem desde sempre.

Apesar de tudo, porém, continuamos aprendendo com Frazer. Embora nenhum antropólogo subscreva hoje suas idéias, todos reconhecemos nele um pai fundador da ciência do homem e um clássico de leitura indispensável. Assim pensam também muitos poetas como T. S. Eliot e Ezra Pound, que tinham o maior entusiasmo por *O ramo de ouro* como uma das obras fundamentais da literatura universal.

Livro de leitura obrigatória.

Mitologias

ROLAND BARTHES — DIFEL

Nome sobejamente conhecido, Roland Barthes dispensa apresentação para quantos se interessam por estudos de Semiologia. Nascido na França, em 1915, firmou-se há muito como um dos mais doutos cultores desta ciência e desfruta igualmente de grande prestígio como teórico de literatura.

Com base numa série de textos narrando assuntos cotidianos e com o fito precípuo de "realizar, por um lado, uma crítica ideológica da linguagem da cultura dita de massa, por outro uma primeira desmontagem semiológica dessa linguagem", Roland Barthes busca — e indubitavelmente o conseguiu — desmistificar os mitos em que se vêm constituindo inúmeros aspectos de uma realidade constantemente mascarada pela imprensa, pelo cinema, pela arte e pelos demais veículos de comunicação, sempre a serviço de interesses ideológicos.

Tal desmistificação só poderia ser operada em forma de denúncia por um espírito sutil como o de Bathes que, recuperando-se a aceitar "a crença tradicional que postula um divórcio entre a objetividade do cientista e a subjetividade do escritor", põe a nu, como escritor, as intenções subjacentes em muitos dos aspectos da vida contemporânea, como, por exemplo, o mundo do *catch*, a publicidade dos sabões e detergentes, a propaganda religiosa do pastor Billy Graham, a discussão sobre o cérebro de Einstein, os preconceitos de Poujade em relação à intelectualidade, o *strip-tease* e o *music-hall* como espetáculos, etc.

Desmontado o mito, encerrada pois a crítica irônica dos fatos, Roland Barthes passa a analisá-lo como sistema semiológico, penetrando, a partir daí, no campo reservado propriamente à ciência em que granjeou justificada autoridade, como o comprova esta sua obra.

Na Introdução do livro, o autor explica e justifica as motivações que o levaram a escrever a obra:

(...)

"Escritos mês após mês, estes ensaios não aspiram a um desenvolvimento orgânico: ligaos a insistência e a repetição.

Não sei se, como diz o provérbio, as coisas repetidas agradam, mas creio que, pelo menos, elas significam. E o que procurei com tudo isto foi captar significações. Tratar-se-á, todavia, das minhas significações? Ou seja, haverá uma mitologia do mitólogo? Sem dúvida, e o leitor perceberá, por si próprio, a minha opção. Porém, para dizer a verdade, penso que o problema não se coloca exatamente nesses termos.

A 'desmistificação', para empregar mais uma palavra que começa agora a ser utilizada, não é uma operação olímpica. Quero dizer que não posso aderir à crença tradicional que postula um divórcio de natureza entre a objetividade do cientista e a subjetividade do escritor, como se um fosse dotado de uma 'liberdade' e o outro de uma 'vocação', destinadas, ambas, a escamotear ou sublimar os limites reais da sua situação. Exijo a possibilidade de viver plenamente a contradição da minha época, que pode fazer de um sarcasmo a condição da verdade."